Matteo Bergmann

Das Asia Kochbuch

Ihre kulinarische Reise durch Asien. Kochen Sie schnell und einfach vegetarisch, Gerichte für den Wok, Suppen und Vieles mehr.

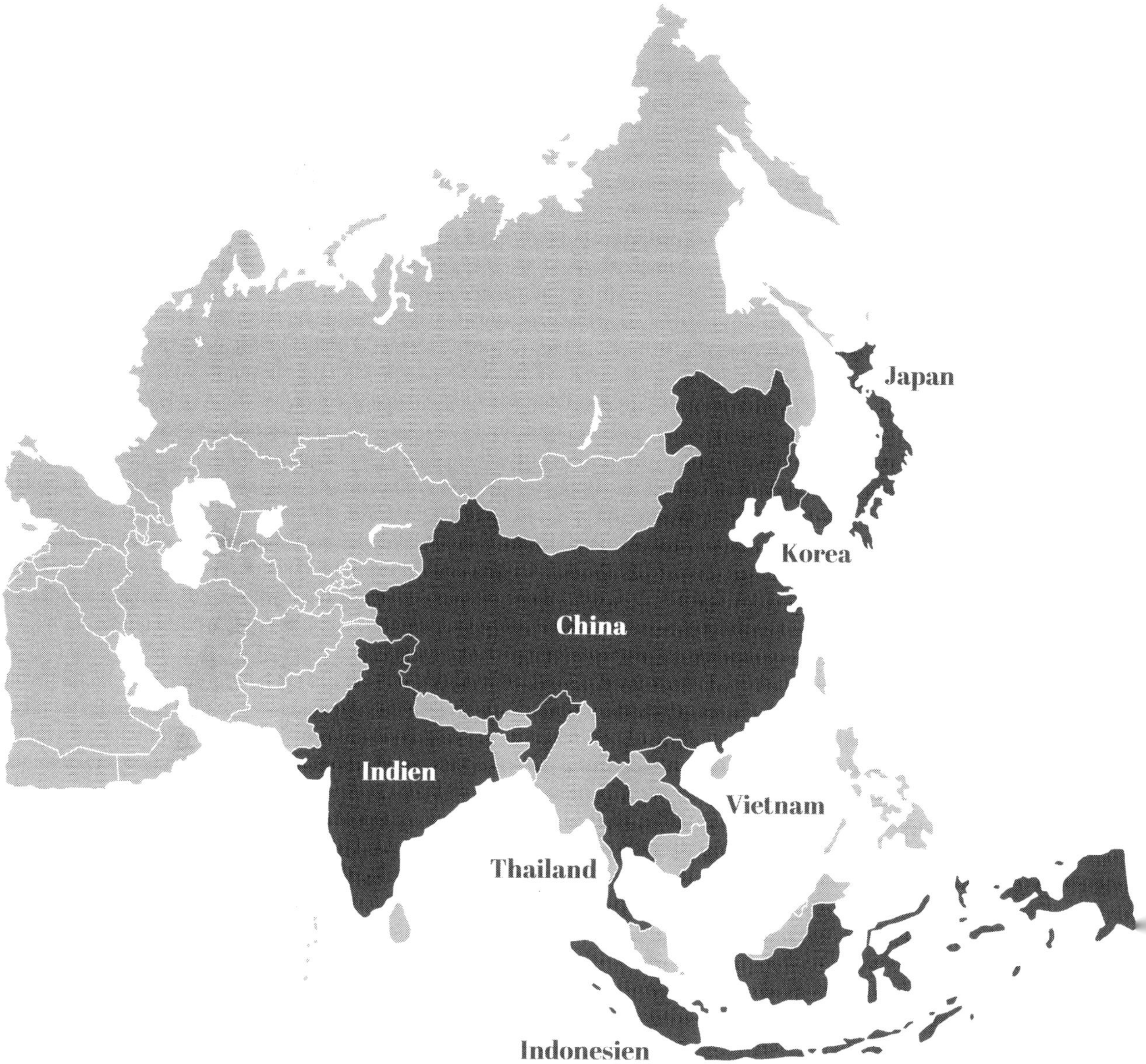
Japan
Korea
China
Indien
Vietnam
Thailand
Indonesien

Matteo Bergmann

Das Asia Kochbuch

Ihre kulinarische Reise durch Asien. Kochen Sie schnell und einfach vegetarisch, Gerichte für den Wok, Suppen und Vieles mehr.

Deutschsprachige Erstausgabe Januar 2020

Michael Jagielski | Grainauerstraße 1 | 10777 Berlin

Covergestaltung, Layout und Satz: Wolkenart - Marie-Katharina Wölk,
www.wolkenart.com
Bildmaterial: ©Shutterstock.com

Independently published
1. Auflage
ISBN:9798601004855

Inhaltsverzeichnis

Die leckersten und einfachsten asiatischen Rezepte

1. Einleitung

In Europa gewinnt die asiatische Küche immer mehr an Bedeutung, da viele Menschen sich nicht nur von den exotischen und aromatischen Gewürzen angesprochen fühlen, sondern gleichzeitig auch Wert auf eine gesunde Ernährung legen. Das ist mit der Zubereitung vieler asiatischer Gerichte möglich, die größtenteils fettarmes Fleisch, Fisch und Meeresfrüchte, dazu Reis und Gemüse enthalten. Einige asiatische Länder sind stark auf eine vegetarische Ernährung ausgerichtet, andere verfeinern traditionelle Speisen mit Fleisch und Ei. Daneben gibt es auch die frittierten Nahrungsmittel, die ab und an genauso lecker schmecken, z. B. eine gebackene Ente, die gebackene Banane oder frittiertes Gemüse. Beim Chinesen um die Ecke ist die Frühlingsrolle genauso angesagt wie gebratene Nudeln oder Shrimps in scharfer Knoblauchsoße.

Das alleine ist aber nur ein winziger Teilbereich der asiatischen Küche. Was diese tatsächlich ausmacht, ist die ausgefallene Komposition der Gerichte, darunter das begehrte japanische Sushi und eine große Auswahl an indonesischen, indischen, koreanischen, thailändischen und vietnamesischen Spezialitäten. Zudem weist die asiatische Küche in den Restaurants in Deutschland große Unterschiede zur der originalen Küche auf, da die Gerichte immer an den Geschmack der im Ausland lebenden Menschen angepasst werden. Herausforderungen wie der Verzehr des giftigen Kugelfischs müssen nicht sein, da dieser nur, wenn er richtig zubereitet ist, keine gesundheitlichen Probleme verursacht. Trotzdem lässt sich einiges Neues kennenlernen, während die asiatische Küche insbesondere auch für Vegetarier, Veganer und ernährungsbewusste Menschen interessant ist.

Das Ausprobieren vieler asiatischer Gerichte macht einfach Spaß, gestattet die Entdeckung neuer Speisen, Gewürze und Zutaten und ist eine hervorragende Abwechslung zum alltäglichen Speiseplan. Die asiatischen Rezepte sind dabei leicht und anspruchsvoll, weisen weniger Kalorien auf und können dann auch mit Stäbchen gegessen werden. Es lohnt sich, asiatisches Geschirr zu kaufen, z. B. für die Zubereitung einen Wok und für das Anrichten verschiedene Schüsseln, Tassen, Teller, Keramikstäbchen, Löffel und ein Stövchen zum Warmhalten der Speisen. Sehr schön wirkt ein Gedeck, das den asiatischen Traditionen entspricht und den Tisch mit vielen kleinen Köstlichkeiten bedeckt. So wird das Essen zelebriert und entspricht den Bedingungen der buddhistischen und ayurvedischen Richtung.

1.1. Die Geschichte der asiatischen Küche

Asien ist ein weites und riesiges Land, so dass es kein Wunder ist, dass die traditionellen Speisen sehr unterschiedlich sind, dabei teilweise auch von der arabischen Küche mitgeprägt sind. Eines der entscheidenden Merkmale für die Zubereitung ist die Verwendung hochwertiger Gewürze im schonenden Garverfahren. Nicht nur Reis und Gemüse, auch Fisch und Fleisch wird häufig in dieser Form gekocht und gebraten. Die Vielfalt der Gewürze und Aromen ermöglicht dabei scharfe, würzige, milde, salzige, süße und saure Variationen.

Gekocht wird nicht nur mit verschiedenen bekannten Gemüsesorten, sondern auch mit Obst, Kräutern, exotischen Pilzen, Nüssen, Hülsenfrüchten und Sojasprossen. Die Sojasauce wiederum gehört als Beigabe genauso dazu wie Ingwer, Sambal Oelek oder Wasabi. Gleiches gilt für scharfe Saucen und Dips, die mit Gewürzen, Chili und Knoblauch verfeinert sind.
Die Asiaten sind größtenteils körperbewusst, fit und schlank, da sie sich vielseitig und gesund ernähren. Das hängt mit der Geschichte der asiatischen Küche zusammen, die in ihren Spuren weit in die Zeit zurückverfolgt werden kann. Die Ernährung steht und stand dabei häufig auch in direktem Zusammenhang mit der Medizin, mit der Meditation, mit dem Ayurveda und den Traditionen der religiösen Ausrichtung, hier vorwiegend durch den Hinduismus, Buddhismus oder durch ZEN beeinflusst.

Auch spielte in der Vergangenheit häufig eine Rolle, dass Asiaten mit vielen Hungersnöten zu kämpfen hatten, darunter in Indien oder China. In diesen Zeiten war viel Einfallsreichtum gefordert, der sich in der Art der Speisen bis heute erhalten hat, so im Verzehr besonderer und außergewöhnlicher Tierarten. Im Grunde geht es in der asiatischen Küche jedoch immer darum, Leib und Seele in einem harmonischen Gleichklang zu halten. Daher werden Kräuter und Gewürze weise ausgesucht, haben eine anregende und zum Teil auch heilende Wirkung, während Speisen in den Grundzutaten schonend im Topf oder in einem Wok zubereitet werden. Dadurch erhalten sie ihre wichtigen Inhaltsstoffe und Vitamine, verlieren nicht an Eigengeschmack und sind gehaltvoll und kalorienarm. Essen ist daher nie nur dazu gedacht, den Körper zu stärken, sondern soll auch Geist und Seele befriedigen.

1.2. Die asiatischen Esskulturen

Geschichtlich zeigen besonders Indien, China und Indonesien kulturelle Ursprünge, die weit zurückreichen. Aber auch Japan, Korea, Thailand und Vietnam setzen durch traditionelle Gebräuche und Zubereitungsformen eigene Abgrenzungen, während einige Gerichte auch übergreifend sind und nur anders heißen. Allen gemeinsam ist dabei die Tradition, die Speisen gesund und reichhaltig anzurichten.

* Chinesische Küche

China bietet eine sehr abwechslungsreiche Küche, die stark mit dem geschichtlichen Hintergrund zusammenhängt. Hier herrschten viele Hungersnöte, so dass sich die Gewohnheit entwickelte, einfallsreiche Speisen zuzubereiten und auch gerne viel Essen aufzutischen, wenn es die Zeit erlaubte. Bis heute gilt das Essen als Ritus, so dass den Speisen auch bestimmte Funktionen zukommen. In China begrüßt man einen Gast nicht einfach, sondern fragt ihn, ob er schon gegessen hat. Auch in der Geschäftswelt gehört der Restaurantbesuch zur Tradition, wo dann das Business mit einer großen Menge an Speisen und Getränken erörtert wird.

In China legt der Gastgeber Wert darauf, seine Gäste mit vielen Speisen zu verwöhnen. Wenn dabei die Gäste tatsächlich alles aufessen, ist das ein schlechtes Zeichen, dass zu wenig serviert wurde oder der Gastgeber als geizig gelten könnte. Daher achtet man darauf, abwechslungsreich und experimentierfreudig zu sein, auch neue Zutaten und ausgefallene Gewürze zu verwenden. Gleiches gilt für die Verwertung aller Bestandteile, ob Obst, Gemüse oder Fleisch und Fisch. Es sollen dabei so wenige Lebensmittelabfälle wie möglich entstehen, was auch den Tieren zugutekommt.

Entscheidender ist natürlich, dass China neben den bekannteren Speisen auch sehr gehaltvolle Eintöpfe, Teigwaren und feine Spezialitäten zu bieten hat. Die scharfen Speisen sind genauso beliebt wie die süßsauren oder milden. Wie die Speisen zubereitet werden, hängt auch damit zusammen, aus welcher Gegend Chinas sie stammen. Berühmt ist dort die Pekingente, die im

Original noch einmal ganz anders schmeckt als in den deutschen chinesischen Restaurants. Pauschal kann man sagen, dass der Norden Chinas salzige Speisen zu bieten hat, der Westen scharfe, der Osten saure Gerichte und der Süden die süßen Variationen. China bietet immer einfache Gerichte neben anspruchsvoll aufwendigen Speisen.

* Indische Küche

In Indien ist der Hinduismus stark verbreitet und hatte schon immer einen starken Einfluss auf die Ernährungsweise und Zubereitung der Speisen. So hat sich dort eine Tradition herausgebildet, die das Augenmerk verstärkt auf vegetarische Speisen legte. Auch in der japanischen und chinesischen Küche wird statt Fleisch gerne Tofu genommen. Mittlerweile gibt es in Indien jedoch auch spannende Gerichte, die Fleisch enthalten, wobei lediglich Rindfleisch nicht verwendet wird, da die Kuh als ein heiliges Tier gilt.

Die indische Küche ist zwar stark erweitert worden, enthält aber typische Speisen, die weiterhin an der ursprünglichen Zubereitungsweise orientiert sind. Die Inder essen neben Reis auch viele Hülsenfrüchte, besonders Linsen und Kichererbsen, die dann mit Curry, Kurkuma oder anderen traditionellen Gewürzen abgeschmeckt werden. In Indien kocht man daneben auch gerne süß, z. B. mit der Zugabe exotischer Früchte im Essen, wobei schärfere Gewürze wie Curry, Kardamom, Kreuzkümmel oder Koriander einen leckeren Ausgleich schaffen. Daraus entstehen interessante geschmackliche Zusammensetzungen. Gereicht wird zu den Speisen fast immer Reis oder ein gewürztes Fladenbrot.

* Indonesische Küche

Die indonesische Küche wiederum ist besonders vielseitig und durch die zahlreichen Einwanderer aus verschiedenen anderen Kulturen auch kulinarisch beeinflusst worden. Auf allen der zahlreichen Inseln Indonesiens wird anders gekocht, wobei bestimmte Gerichte übergreifend traditionell zubereitet werden, so das berühmte Bami Goreng und das Nasi Goreng. Gekocht wird mit viel Reis, Gemüse, aber auch mit Nudeln und Fleisch.

Vermehrt enthalten indonesische Gerichte Hühnerfleisch, Fisch und Meeresfrüchte, Schweinefleisch, Garnelen und viel Kokosmilch. Das Fleisch wird dabei vor der Zubereitung immer zerkleinert, nie als ganzes Stück serviert. So ist es möglich, die Speisen auch mit den Fingern zu essen. Traditionell nimmt man dazu natürlich die rechte Hand, da die linke in vielen fernöstlichen, asiatischen und arabischen Ländern als unrein gilt.

* Japanische Küche

Japan wiederum steht für die besonders gesunde und kalorienarme Ernährung, die rohen Fisch, Sojaprodukte, exotische Pilzsorten und grünen Tee enthält. Gemüse und Soja werden fast zu allen Speisen gereicht, der scharfe Ingwer dient beim Sushi als Geschmacksneutralisierung nach dem Verzehr des scharfen Wasabis oder anderer würziger Saucen.
Japan hat in kulinarischer Hinsicht vieles zu bieten. Auch hier nimmt das Essen einen sehr hohen Stellenwert ein. Die Japaner genießen das Kochen und den Nahrungsverzehr. Selbst das Anrichten der Speisen ist eine wahre Kunst und steht im Einklang mit traditionellen und religiösen Riten. Dabei spielt auch die Ästhetik eine Rolle, so dass Speisen mit verschiedenen Farbkompositionen angerichtet werden oder einzelne Komponenten im Geschmack ein bestimmtes Zusammenspiel mit anderen Zutaten bieten sollen. Serviert wird das Ganze auf vielen kleinen und einzelnen Tellern und kunstvoll angerichteten Schalen.

Neben dem bekannten Sushi steht auch die Washoku-Küche für die Zubereitung mit verschiedenen Fischarten, Gemüse und weiteren Zutaten, drückt dabei besonders die Naturverbundenheit aus. Gerade japanische Gerichte heben den gesundheitlichen Aspekt stark hervor. Sie sättigen, gehen aber selten auf die Hüfte. Dazu lassen sich mit verschiedenen Dips geschmacklich interessante Nuancen erzielen. Thunfisch, Meeresalgen, Suppen und Tofu gehören dazu, neben Reis wird gerne auch Dashi serviert, eine Brühe aus Thunfischflocken und Meeresalgen. Die Suppe bietet eine Grundlage für die Zubereitung von Saucen und weiteren Gerichten. Auch Fleisch und gefüllte Teigtaschen gehören zur japanischen Küche. Verwunderlich ist es dann kaum, dass die Japaner die höchste Lebenserwartung weltweit verzeichnen. Geachtet wird neben dem eindrucksvollen Arrangieren der Speisen immer auf die Verwendung frischer Zutaten und einer Ausgewogenheit in den natürlichen Zutaten und Gewürzen.

* Koreanische Küche

Korea wiederum zeigt deutliche Parallelen zu anderen asiatischen Zubereitungstraditionen. Für koreanische Gerichte bildet Reis die Grundlage, dazu viel Gemüse und mageres Fleisch. Sie gilt als eine der gesündesten Küchen und enthält neben den Hauptgerichten auch viele interessante Suppen. Angerichtet werden die Speisen, ähnlich wie in Japan, separat und vielseitig in kleinen Schalen und Schüsseln. Damit sollen verschiedene Aromen verbunden werden, die mit dem Einzelverzehr und dem Mischen der Speisen eigene geschmackliche Besonderheiten entwickeln. Die koreanische Küche kann scharf, süßsauer, bitter oder salzig sein. Das Arrangement wird vermehrt mit natürlichen Farben gestaltet. Zum Hauptgericht gibt es immer eine Suppe, eine Schale mit Reis und eine Auswahl mehrerer Beilagen, z. B. das eingelegte Gemüse Kimchi mit seinem unverkennbaren und einzigartig scharfen Geschmack. Scharfe Zutaten und Gewürze regen im Körper immer den Stoffwechsel an und fördern das Herz-Kreislauf-System. Kimchi wird oft mit Rettich oder Kohl zubereitet, enthält wichtige Mineralstoffe, Vitamine und Spurenelemente.

* Thailändische Küche

Thailand ist heute natürlich durch den Tourismus vielseitig geprägt und kann wahrscheinlich jedem Reisenden das anbieten, was er kennt und mag. Traditionell jedoch ist die thailändische Küche durch das Wasser gezeichnet und enthält damit viele Wassertiere und auch Wasserpflanzen. Meeresalgen gehören genauso auf den Tisch wie interessant gewürzte Fischsorten und Meeresfrüchte. Dazu darf es gerne auch etwas schärfer sein. Ein wichtiges Gewürz in Thailand ist das Chili, das damals im 1Jahrhundert von portugiesischen Seefahrern ins Land eingeführt wurde. Fleisch wird heutzutage oft mit gebratenem Reis und einer scharfen Knoblauch- oder Chilisauce serviert, die in einem Wok zubereitet werden.

Zu allen Speisen wird in Thailand das Grundnahrungsmittel Reis serviert. Daher sagt man dort für „eine Mahlzeit essen“ übersetzt „Reis essen“, unabhängig davon, welche Speise verzehrt wird. Der Reis wird dabei auch vielseitig gekocht oder gewürzt. Jasminreis, Curryreis oder Klebreis werden in einer aus Bambus geflochtenen Schale serviert und vorher schonend mit Wasserdampf gekocht. In Thailand gibt es die Tradition, entweder Ein-Teller-Gerichte anzurichten oder eine komplette Mahlzeit mit mehreren Zutaten, Beilagen und Reis. Letztere kann auch gebraten und mit Gewürzen und Saucen angereichert sein. Genauso gerne werden gebratene Nudeln gegessen, die mit Tofu, Ei oder getrockneten und kleinen Garnelen bzw. Krebsfleisch zubereitet werden. Den Speisen werden auch Mungobohnensprossen, geröstete Erdnüsse und Schnittlauch beigefügt.

* Vietnamesische Küche

Vietnam wurde unterschiedlich geprägt, hat daher sowohl Gerichte hervorgebracht, die sich an der chinesischen Küche orientieren als auch an der thailändischen und indischen. Hier wird jedoch eher schonend und mild gekocht, während auf scharfe Gewürze verzichtet wird. Vermehrt gehören an die vietnamesischen Speisen z. B. Gewürze wie Zimt oder Anis. Die Speise soll delikat gelingen und ausgefallene Aromen bieten, dabei jedoch den Mundraum nicht verbrennen. Traditionell werden die Gerichte sehr heiß zubereitet und auch gegessen. Gemüse und Fleisch wird kurz angebraten und im Wok unter ständigem Umrühren verfeinert. Daher sind die Speisen oftmals innerlich gegart und oberflächlich gebraten und geröstet. Das trifft sogar auf die vietnamesische Frühlingsrolle zu, die nicht nur frittiert, sondern manchmal auch roh gegessen wird.

Durch den Einfluss des dort sehr stark verbreiteten Buddhismus‘ entstanden eine Vielzahl veganer und vegetarischer Speisen, die dabei mit reichhaltigen Zutaten verfeinert wurden. Neben Reis werden in Vietnam auch gerne Reisnudeln serviert. Unter den Fleischgerichten wiederum sind auch einige Insektenarten zu finden. In Vietnam gibt es zahlreiche Garküchen, die größtenteils mit dem direkten Straßenverkauf verbunden sind. Wer Lust auf eine Kleinigkeit unterwegs hat, erlebt dann die individuelle Zubereitung ganz nach Wunsch, wobei die Speisen in Sudkesseln und Pfannen gekocht oder frittiert werden. Neben Tee trinken die Vietnamesen auch gerne Kaffee aus Blechtassenfiltern. Der Kaffee schmeckt dabei durch das eigene Herstellungsverfahren auch mehr nach Kakao als nach Mokka und wird aus einem Glas getrunken.

1.3. Die wichtigsten Gewürze

Gewürze spielen in der asiatischen Küche eine entscheidende Rolle und verfeinern das Aroma enorm. Dadurch gelingen exotische Aromen, die sich deutlich von der europäischen Küche abheben. Die wichtigsten sind dabei Kurkuma, Curry, Kardamom, Thai-Basilikum, Ingwer, Chili, Knoblauch, Sternanis, Kreuzkümmel, Koriander, Zitronengras und Garam Masala. Alle sind in einem herkömmlichen Supermarkt erhältlich, können auch in interessanten Gewürzmischungen oder als Extrakt erworben werden. Möglich ist auch eine Bestellung im Internet, wo Hersteller und Anbieter eine große Auswahl der typischen Gewürze bieten.

Wirkung der einzelnen Gewürze

Asiatische Gewürze sind oftmals für ihre Heilwirkung bekannt, haben fast alle eine anregende Wirkung auf den Körper, fördern die Verdauung und bringen den Stoffwechsel in Schwung. Sie enthalten hochwertige Vitamine und Antioxidantien, fördern die Gesundheit und sogar die gute Laune. Eine stimmungsaufhellende Wirkung haben z. B. Chili oder Kreuzkümmel.

Kurkuma

Das Gewürz wird auch als "Gewürz des Lebens" oder "Safranwurzel" bezeichnet. Kurkuma darf an asiatischen Speisen nicht fehlen, hat viele ätherische Öle und den wichtigen Wirkstoff Curumin. Dadurch wirkt es antibakteriell und stoffwechselanregend und dient damit auch der Behandlung von Krankheiten oder der reinen Gesundheitsvorbeugung. Es ist im Curry enthalten und schmeckt leicht bitter und würzig. Die Wirkung ist belebend, wobei eine geringe Dosierung schon ausreicht, um Speisen aromatischer zu machen.

Curry

Eines der bekanntesten exotischen Gewürze der asiatischen Küche ist Curry. Curryhuhn, Currylinsen oder Curryreis werden häufig zubereitet, das Gewürz besonders in Indien verwendet. Dabei hat das gelbe Pulver auch eine positive Wirkung auf den Körper und die Gesundheit, kann gut mit anderen Gewürzen, darunter Pfeffer, Zimt, Nelke, Fenchel, Ingwer und Muskat, kombiniert werden. Curry ist entzündungshemmend, fördert den Appetit und stabilisiert den Cholesterinspiegel. Das Gewürz verleiht Fleisch, Fisch, Gemüse, Reis und Saucen eine gelbliche Farbe und macht die Speisen schmackhafter und im Aroma intensiver.

Kardamom

Eines der kostbarsten Gewürze ist Kardamom, das einen unvergleichlichen Geschmack und Duft besitzt. Genutzt wird es in vielen asiatischen Hauptgerichten und Süßspeisen, auch zum Veredeln von Reis, Obst und Gemüse, da es einen zimtartigen Geschmack hat. Es ist als grünes und schwarzes Kardamom erhältlich und gehört zu den Ingwer- und Staudengewächsen aus Indien. Kardamom hilft gegen viele Beschwerden, fördert die Verdauung und hat eine anregende Wirkung.

Thai-Basilikum

Mit diesem Gewürz sind verschiedene Basilikumarten gemeint, die in asiatischen Gerichten verwendet werden, darunter das Bai Maenglak oder das Bai Horapa. Letzeres ist ein süßes Basilikum, das für Saucen und Suppen hervorragend geeignet ist. Die indische Variante schmeckt und riecht nach Zitrone. Thai-Basilikum passt zu allen Fisch- und Fleischgerichten und erhöht die Aromavielfalt. Kombiniert wird es gerne mit Koriander in Reis- und Nudelgerichten. Es wirkt entzündungshemmend und antibakteriell und liefert wichtige Vitamine und Mineralstoffe.

Ingwer

Ingwer als Wurzelgewächs enthält wichtige Inhaltsstoffe und Vitamine, darunter Eisen, Kalzium, Kalium, Natrium, Phosphor und Vitamin C. Damit stärkt es das gesamte Immunsystem durch

wichtige Antioxidantien und hat eine entzündungshemmende Wirkung. Der Stoffwechsel wird angeregt, der Fettabbau im Körper beschleunigt. Ingwer ist auch ein hervorragender natürlicher Appetithemmer, regt gleichzeitig die Magensäureproduktion an.
Es hat einen scharfen Geschmack, wirkt in der Kombination mit anderen Gewürzen aber auch neutralisierend.

Sternanis

Aus der Pflanzenfamilie der Magnolien stammt der Sternanis, der hauptsächlich in China wächst und angebaut wird. Die Frucht ist rotbraun und bildet beim Wachsen nach und nach einen Stern. Sie enthält braune Samen und schmeckt als Gewürz süßlich und scharf. Sternanis erinnert geschmacklich an Lakritz und wird dann in der asiatischen Küche zum Marinieren von Fisch und Fleisch verwendet. Durch die wertvollen Inhaltsstoffe und ätherischen Öle wirkt Sternanis verdauungsfördernd, magenberuhigend und förderlich auf das Herz-Kreislauf-System.

Kreuzkümmel

Kreuzkümmel gehört zu den vitaminreichsten Gewürzen und enthält Vitamin A, Vitamin E, Vitamin C und verschiedene B-Vitamine. Damit wirkt es stärkend auf den Blutdruck und das Herz-Kreislauf-System. Kreuzkümmel entstammt der Pflanzenfamilie der Doldenblütler und wird in Südostasien angebaut. Auch ist dieses Gewürz Teil des Ayurvedas und der asiatischen Heilkunde, da es gegen zahlreiche Beschwerden hilft. Kreuzkümmel fördert die Verdauung und Fettverbrennung, schmeckt scharf und hat auch ansonsten eine stimulierende Wirkung.

Koriander

Fast überall in Asien wird Koriander als Kraut oder Samen verwendet. Es hat als Gewürz einen sehr speziellen Geschmack, der leicht an Ingwer und Zitrone erinnert. Koriander wird gerne als frische Zutat verwendet, darunter in Dips, Suppen, Salaten, als Beilage oder Gewürz für Fisch und Fleisch. Es gehört zu den Doldenblütlern, hilft gegen Verdauungsbeschwerden, Appetitlosigkeit und Rheuma. Es hat eine immunsystemstärkende, entkrampfende und entwässernde Wirkung, ist antibakteriell und beruhigend.

Zitronengras

Der leicht säuerliche bis blumige Geschmack von Zitronengras bereichert viele asiatische Speisen. Sehr gut schmeckt Zitronengras auch in der Kombination mit Ingwer. Dabei handelt es sich um ein Süßgras, das als Heilpflanze und Gewürz genutzt und in frischer oder getrockneter Form an die Gerichte getan wird. Zitronengras wirkt entzündungshemmend, antibakteriell und enthält viele wertvolle Vitamine und ätherische Öle. Daher fördert es auch die Verdauung und ist eine gesunde Zugabe.

Garam Masala

Bei Garam Masala handelt es sich um eine Gewürzmischung aus unterschiedlichen getrockneten und gemahlenen Gewürzen, die eine Speise schärfer und aromatischer machen. Vermehrt wird das Gewürz in Indien verwendet und enthält u. a. Kreuzkümmel, Zimt, Sternanis, Muskat, Chili, Pfeffer und Nelke. Es kurbelt den Stoffwechsel an und löst im Körper einen Anstieg von Wärme und Wohlgefühl aus. Das Gewürz wird beim Kochen und Braten genutzt, darunter an Fleisch- und Fisch-, Gemüse- und Reisgerichte gegeben. Oft wird Garam Masala auch mit anderen Kräutern und Gewürzen kombiniert.

1.4. Praxistipps: Wie Ihnen fast jedes asiatische Gericht gelingt!

Unter den asiatischen Gerichten gibt es zwar einige anspruchsvollere Variationen, daneben können viele leckere Rezepte aber auch schnell und einfach umgesetzt werden und gelingen dann ohne Probleme. Hilfreich ist es, wenn zu Hause schon einmal ein Wok zur Verfügung steht, da viele Speisen in dieser trichterförmigen, hohen und leicht gewölbten Pfanne schonender zubereitet werden können. Mit einfachen Zutaten und Gewürzen können bunte und abwechslungsreiche Speisen kreiert werden. Empfehlenswert ist dabei auch der Kauf frischer Kräuter und Gewürze. Ein zügiges Anbraten der Nahrungsmittel im Wok erlaubt, dass alle wertvollen Inhaltsstoffe, Aromen und Farben erhalten bleiben. Gemüse gelingt knackig, Fleisch saftig und Fisch mild und zart.

Für das Kochen asiatischer Gerichte werden Gewürze und Zutaten verwendet, die es in jedem Supermarkt oder im Internet gibt. Die leichte und gesunde Küche benötigt dazu auch nur sehr wenig Öl und ist darum wesentlich kalorienärmer. Gerne werden Sojasaucen, Kokosmilch oder Knoblauch verwendet, um die asiatische Note zu erzielen. Neben typischen Gewürzen wie Salz und Pfeffer genügen Zutaten wie Curry, Kurkuma, Koriander, Zitronengras, Ingwer, Mungobohnen, Bambus, Frühlingszwiebeln, Speisestärke, Eier, Chili, Kreuzkümmel, Erdnüsse oder Kardamom.

Wer etwas exklusiver kochen möchte, kann auch Safran in geringer Menge verwenden. Dieses Gewürz gehört allerdings zu den teuersten und ist im Handel als unechter und echter Safran erhältlich. An asiatische Speisen werden u. a. auch Rohrzucker, Austern- oder Fischsaucen, Sesam, Karotten, Bohnen, Chinakohl und Shiitake-Pilze gegeben. Als Beilagen dienen immer Eier-, Glas- oder Reisnudeln, gekochte Teigtaschen, Reis oder Gemüse. Solche sind in der Regel einfach zubereitet, wobei nur den Angaben auf der Verpackung gefolgt wird. Zum Essen kann dann auch grüner Tee gereicht werden, der eine gesunde Verdauung fördert. Alle hier vorgestellten Rezepte sind gesund, kalorienarm und unkompliziert. Die Angaben pro Rezept gelten immer für 2 bis 4 Portionen. Die Nährwerte entsprechen dabei einer Portion.

Die leckersten und einfachsten asiatischen Rezepte

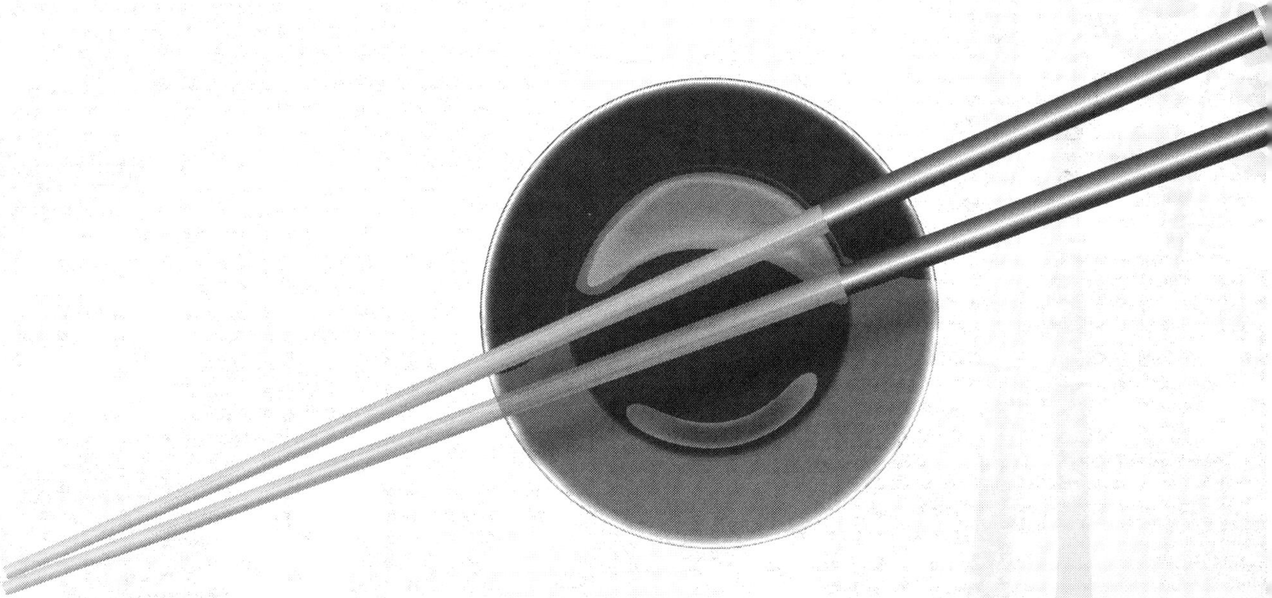

2.0. China

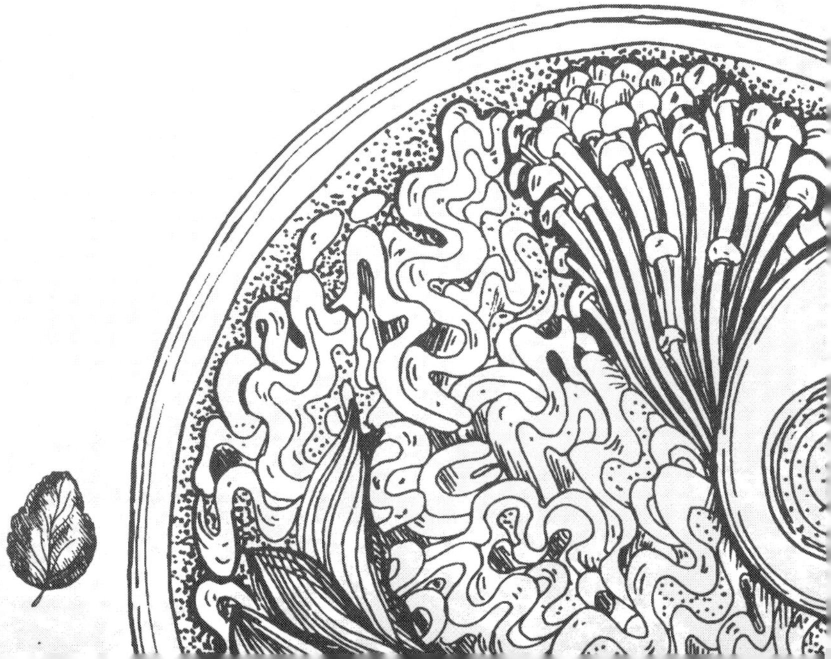

2.1. Vorspeisen und Suppen

1. Chinesische Hühnersuppe

In China kommen nicht unbedingt viele Suppen auf den Tisch, und wenn, dann sind sie leicht, würzig und bekömmlich. Dieses Rezept bietet einen hohen Sättigungsgrad und schmeckt auch Kindern. Sie ist dicker und dank Gemüse, Nudeln und Fleisch gesund und schmackhaft. Für die Suppe werden natürliche chinesische Eier- oder Glasnudeln verwendet. Sie erhält ihren leicht säuerlichen Geschmack durch die Zugabe von Limette und Zitronengras.

Zutaten:

200 g Hähnchenbrustfilet
100 g Eiernudeln (Mie-Nudeln)
2 Frühlingszwiebeln
1 Bd. Suppengemüse
1,2 l Hühnerbrühe
1 Limette
1 Stg. Zitronengras
Salz, Pfeffer, Öl und Sojasauce

Schwierigkeitsgrad: leicht

Zubereitungsdauer: 35 min.

Nährwerte/Kalorien: 255 kcal

Zubereitung:

1. Das Hähnchenbrustfilet waschen, trockentupfen und in kleine Stücke schneiden.
2. Frühlingszwiebeln schälen und würfeln. Das Suppengemüse zerkleinern.
3. In einem Topf etwas Öl erhitzen, die Zwiebeln kurz andünsten und das Fleisch dazugeben und anbraten. Mit Salz und Pfeffer würzen.
4. Das Gemüse hinzufügen und mit anbraten.
5. Den Topf mit ca. 1,2 Liter Hühnerbrühe auffüllen und bei schwacher Hitze 10 Minuten kochen lassen.
6. Zitronengras und etwas Limettensaft dazugeben. Mit Pfeffer und Sojasauce abschmecken.

2. Scharfe Pekingsuppe

Eine leckere und relativ einfache Suppe aus China ist die berühmte Pekingsuppe, die auch gerne etwas milder oder in süßsaurer Variante gekocht werden kann. Der Aufwand ist nicht allzu groß. Die Suppe kann eine schmackhafte Vorspeise sein. Wem die Zubereitung der Shiitake-Pilze zu aufwendig ist, kann diese auch weglassen oder durch geschnittene Champignons ersetzen.

Schwierigkeitsgrad: mittel

Zubereitungsdauer: 60 min.

Nährwerte/Kalorien: 220 kcal

Zutaten:

250 g Hähnchenbrustfilet
2 Karotten
1 Frühlingszwiebel
1 Stk. Ingwer
1 Chilischote
500 ml Hühnerbrühe
2 EL Tomatenmark
½ EL Speisestärke
1 Bambussprosse
2 Shiitake-Pilze (getrocknet)
5 EL weiße Sojasauce
2 EL Reisessig
1 Ei
2 EL Chili Paste
Salz, Pfeffer und Zucker

Zubereitung:

1. Den Ingwer schälen und feinhacken. Hier genügt ein daumengroßes Stück.
2. Die Shiitake-Pilze werden in lauwarmem Wasser einige Minuten eingeweicht, damit sie ihre typische und schmackhafte Konsistenz bekommen. Danach werden sie zerkleinert.
3. Das Hähnchenbrustfilet und das Gemüse in kleine Würfel schneiden.
4. Die Hühnerbrühe in einem Topf aufkochen und die Zutaten hinzufügen.

5. Mit Salz, Pfeffer, Chili, Tomatenmark, Zucker, Sojasauce und Reisessig abschmecken.
6. Die Suppe auf kleiner Flamme 5 Minuten köcheln lassen.
7. Speisestärke in kaltem Wasser anrühren und dazugeben.
8. Wenn die Suppe dickflüssiger ist, wird das vorher aufgeschlagene Ei vorsichtig untergerührt.
9. Die Suppe wird in eine Schüssel gefüllt und mit Frühlingszwiebeln garniert. Es ist wichtig, sie heiß zu servieren.

3. Reisbreisuppe (Congee)

Diese breiige Reissuppe wird in China gerne zum Frühstück gegessen und gehört auch in die 5-Elemente-Küche, die besonders für die Harmonie von Geist und Körper geeignet, nährend und aufbauend ist. Sie kann dicker und dünnflüssiger zubereitet werden. Der Aufwand ist besonders gering, lediglich die Garzeit ist mit 2 bis 3 Stunden höher. Dafür kann der Reisbrei auch mehrere Tage lang gegessen und noch einmal aufgewärmt werden.

Schwierigkeitsgrad:
leicht

Zubereitungsdauer:
mind. 2 Std.

Nährwerte/Kalorien:
389 kcal

Zutaten:

1 Tas. Reis
12 Tas. Wasser
20 g Bambussprossen
1 Zwiebel
2 EL Sojasauce
Salz

Zubereitung:

1. Für etwa 100 g Reis einen Topf mit 1,2 l Salzwasser erhitzen.
2. Reis hinzufügen und mindestens 2 Stunden ohne Deckel auf kleiner Flamme kochen lassen.
3. Wenn das Wasser verdampft ist, weiteres gekochtes Wasser aus dem Wasserkocher hinzufügen.
4. Der Reis wird sehr weich und ist mild, wird nach dem Kochen dann gesalzen.
5. Zwiebel und Bambussprossen in einer Pfanne kurz anbraten, dann zum Reis geben, einige Minuten mitkochen, mit Sojasauce abschmecken und anschließend servieren.

2.2. Hauptspeisen

1. Schweinefleisch Süß-Sauer (Guo Bao Rou)

Schweinefleisch ist in chinesischen Gerichten sehr zart und lecker, schmeckt mit scharfen oder süßsauren Saucen am besten. Dieses Rezept ist die süßsaure Variante und wird gebacken serviert. Es stammt aus dem Nordosten Chinas und ist leicht zuzubereiten.

Schwierigkeitsgrad:
leicht

Zubereitungsdauer:
40 min.

Nährwerte/Kalorien:
315 kcal

Zutaten:

- 250 g Schweinefleisch
- 1 Lauchzwiebel
- 2 Knoblauchzehen
- 1 Stk. Ingwer
- 10 g frischer Koriander
- 1 Karotte
- 40 ml Reisessig
- 5 ml Kochwein
- 30 g Zucker
- 100 g Kartoffelstärke
- Salz, Pfeffer, Öl

Zubereitung:

1. Das Schweinefleisch in gleichgroße Stücke schneiden, mit Salz und Pfeffer würzen und dann mit Kochwein in einer Schüssel marinieren.
2. In einer weiteren Schüssel die Kartoffelstärke mit Wasser verrühren. Beide Schüsseln sollten etwa 20 Minuten ziehen.
3. Lauchzwiebeln, Karotten, Ingwer und Koriander schneiden. Den Knoblauch in kleine Stücke hacken.
4. Das marinierte Schweinefleisch in die Schüssel mit der Kartoffelstärke geben und mit etwas Öl verrühren.
5. Im Wok eine größere Menge Öl erhitzen und das Fleisch einige Minuten frittieren.
6. Serviert wird es mit einer fertigen süßsauren Sauce oder einem leckeren Dip.

2. Teigtaschen (Jiaozi)

Jiaozi sind chinesische Teigtaschen, die mit Gemüse und Hackfleisch oder mit Fisch und Garnelen befüllt werden. In China werden sie in vielen kleinen Schalen serviert und mit Stäbchen gegessen. Die Teigtaschen werden entweder gedämpft oder frittiert zubereitet.

Schwierigkeitsgrad: **mittel**

Zubereitungsdauer: **45 min.**

Nährwerte/Kalorien: **390 kcal**

Zutaten:

500 g Mehl
500 ml Wasser
400 g Schweinehackfleisch
2 Zwiebeln
¼ Stk. Ingwer
1 Knoblauchzehe
150 g Spinat
1 EL Sojasauce
Salz, Pfeffer, Öl

Zubereitung:

1. Mehl, Wasser und Salz vermengen und zu einem festen Teig verrühren. Das Ganze etwa 30 Minuten ziehen lassen.
2. Zwiebeln, Ingwer und Knoblauch schälen und hacken, den Spinat waschen und abtropfen lassen.
3. In einer Schüssel Hackfleisch mit Sojasauce, Salz und Pfeffer würzen und die restlichen Zutaten dazugeben.
4. Spinat kurz ca. 5 Minuten in heißem Wasser kochen und danach kalt abschrecken. Zur Hackfleischmasse dazugeben.
5. Den Teig ausrollen und in eckige Stücke schneiden. Mit dem Nudelholz noch einmal bearbeiten.
6. Einen Teelöffel Hackfleischfüllung hinzugeben. Den Teig an den Rändern zusammendrücken.
7. Die Teigtaschen etwa 5 Minuten in heißem Salzwasser kochen, bis sie oben schwimmen.

3. Chop Suey

Eines der bekanntesten chinesischen Gerichte ist Chop Suey. Hier werden meistens verschiedene Gemüsesorten, Mungobohnen- und Bambussprossen, Pilze und Fleischstücke gemischt. Obwohl es häufig in chinesischen Restaurants serviert wird, stammt es selbst nicht direkt aus China, sondern wurde von chinesischen Einwanderern in den USA erfunden. Da es jedoch sehr lecker ist und zu den einfachen Gerichten gehört, die im Wok großartig gelingen, soll es in dieser Rezeptesammlung nicht fehlen. In China ist es eine Speise, die gerne mit vorhandenen Gemüseresten und Nudeln gekocht wird.

Schwierigkeitsgrad: leicht

Zubereitungsdauer: 40 min.

Nährwerte/Kalorien: 289 kcal

Zutaten:

2 Karotten
1 Paprika
1 Brokkoli
400 g Rinderfilet
250 g Mungobohnensprossen
20 g Shiitake-Pilze
2 EL Sojasauce
2 EL Öl
1 TL Chili
Salz, Pfeffer, Cayennepfeffer

Zubereitung:

1. Das Rinderfilet waschen, trockentupfen und in kleine Stücke schneiden.
2. Den Brokkoli waschen, zerteilen und kurz 5 Minuten kochen. Die Karotten putzen und würfeln. Die Paprika entkernen und zerteilen, dann in Streifen schneiden.
3. Die Shiitake-Pilze einweichen und in Stücke schneiden.
4. Im Wok etwas Öl erhitzen und das Fleisch scharf anbraten, mit Salz und Pfeffer würzen.

5. In den Wok die Pilze, das Gemüse und die Sojasauce hinzugeben und bei hoher Hitze anbraten und häufiger schwenken.
6. Mit Cayennepfeffer und Chili würzen.
7. Das Chop Suey wird mit Sojasauce oder mit dem schärferen Sambal Olek serviert. Sehr gut passt dazu Reis.

4. Hähnchen Kung Pao (Gong Bao)

Ein traditionelles und beliebtes Gericht ist das Kung-Pao-Huhn, das mit einer leichten Schärfe, dem süßsauren Aroma und mit gerösteten Erdnüssen besonders aromatisch gelingt und auch im chinesischen Restaurant gerne bestellt wird. Das Originalrezept stammt aus der Provinz Szechuan und wurde in der Quing-Dynastie im 1Jahrhundert entwickelt. Für die einfache Zubereitung kann Hähnchenbrustfilet verwendet werden.

Schwierigkeitsgrad: mittel

Zubereitungsdauer: 35 min.

Nährwerte/Kalorien: 252 kcal

Zutaten:

400 g Hähnchenbrustfilet
1 Stk. Ingwer
3 Knoblauchzehen
3 rote Chilis
50 ml Hühnerbrühe
80 g Erdnüsse (ungesalzen, geröstet)
2 Frühlingszwiebeln
1 TL helle Sojasauce
1 TL Reiswein
1 EL Maisstärke
1 TL Sesamöl
1 EL dunkle Sojasauce
1 EL Reisessig
Salz, Pfefferkörner, Zucker, Öl

Zubereitung:

1. Das Hähnchenbrustfilet wird in gleich große Stücke geschnitten.
2. In einer Schüssel Reiswein, Maisstärke, helle Sojasauce und etwas Zucker verrühren. Das Fleisch dazugeben und marinieren.
3. Ingwer und Knoblauch schälen und fein hacken. Die Chilischoten entkernen und zerkleinern.

4. Die Zutaten mit einigen Pfefferkörnern in einem Mörser zerstoßen.
5. In einer weiteren Schüssel werden Hühnerbrühe, Reisessig und dunkle Sojasauce vermengt. Etwas Zucker und das Sesamöl hinzugeben.
6. Frühlingszwiebeln schälen und in Ringe schneiden.
7. Etwas Öl in einem Wok oder in der Pfanne erhitzen, die Ingwer-Chili-Mischung einfüllen, an den Rand schieben und das Fleisch mit anbraten.
8. Die Sauce aus der Schüssel dazu gießen und mit Salz abschmecken.
9. Die Erdnüsse in einer Pfanne etwas anrösten.
10. Zum Schluss werden die Erdnüsse und Zwiebeln in die Pfanne mit dem Fleisch gegeben. Das Gericht kann dann heiß serviert werden.

2.3.
Nachspeisen und Desserts

1. Mantou

Mantou ist in China ein Gebäck, das entweder würzig oder süß schmecken kann. Als Nachspeise wird es oft frittiert und kann dann in süße Dips getunkt oder so verzehrt werden. Benötigt werden nur sehr wenige Zutaten, die jeder Supermarkt zu bieten hat.

Schwierigkeitsgrad:
leicht

Zubereitungsdauer:
50 min.

Nährwerte/Kalorien:
233 kcal

Zutaten:

- 150 g Mehl
- 100 ml Milch
- 5 g Trockenhefe
- 1 EL gezuckerte Kondensmilch
- 1 EL Zucker

Zubereitung:

1. In einem Topf die Milch erhitzen und etwas Zucker hinzufügen.
2. Die Trockenhefe unterrühren.
3. Das Mehl in eine Schüssel füllen und die heiße Milch einfüllen.
4. Die Masse zu einem glatten Teig verrühren und dann etwa 5 Minuten durchkneten.
5. Den Teig 30 Minuten unter einem Handtuch aufgehen lassen.
6. Danach den Teig noch einmal durchkneten und zu einem langen Streifen formen und ausrollen.
7. Aus dem Streifen gleichgroße Stücke formen.
8. Die Stücke in heißem Öl frittieren, bis sie goldbraun sind.
9. Das Gebäck mit Kondensmilch in einer Extraschale servieren.

2. Gebackene Banane

Die gebackene Banane wird in China, aber auch in Thailand als Nachspeise serviert. Sie ist leicht zuzubereiten und schmeckt mit Honig besonders süß.

Zutaten:

2 Bananen
150 g Mehl
3 EL Honig
2 TL Backpulver
1 Ei
150 ml Wasser
Öl, Salz

Schwierigkeitsgrad:
leicht

Zubereitungsdauer:
20 min.

Nährwerte/Kalorien:
158 kcal

Zubereitung:

1. Das Mehl wird in eine Schüssel gefüllt, Salz und Backpulver dazugegeben.
2. Den Schüsselinhalt verrühren, das Ei und das Wasser hinzufügen.
3. Das Ganze zu einem Teig verarbeiten.
4. In einem Topf wird das Öl erhitzt, bis es kleine Bläschen bildet.
5. Währenddessen die 2 Bananen schälen und in kleine Stücke schneiden.
6. Die Bananen in den Teig geben, dass sie vollständig von diesem bedeckt sind.
7. Anschließend werden die Bananen im heißen Öl etwa 10 Minuten gebacken.
8. Nach dem Frittieren können die Bananen abgetropft und auf einem Teller mit Honig angerichtet werden.

3. Perlenmilchtee mit Wassermelone und Tapioka

Eine Spezialität als Nachtisch und Getränk ist der Bubble-Tea, auch Perlenmilchtee genannt, der in einer Schale oder Tasse serviert wird. Er wird mit den Gummikügelchen Tapioka zubereitet und schmeckt besonders in der Sommerzeit. Die Tapioka-Kügelchen gibt es in größeren Supermärkten oder im Asia-Geschäft.

Schwierigkeitsgrad:
leicht

Zubereitungsdauer:
10 min.

Nährwerte/Kalorien:
35 kcal

....

Zutaten:

50 g Tapioka-Kugeln
500 g Melone
1 EL Honig oder Zucker

Zubereitung:

1. Wasser in einem Topf zum Kochen bringen, die Tapioka-Kugeln einfüllen und so lange auf kleiner Flamme kochen lassen, bis sie eine durchsichtige Färbung haben. Danach gut abkühlen.
2. Die Wassermelone entkernen und in kleine Stücke schneiden. In einem Mixer pürieren.
3. Den Topfinhalt mit den Tapioka-Kugeln in eine Schüssel füllen, die Wassermelone dazugeben und mit Zucker oder Honig süßen.
4. Als Dekoration kann ein Stück Melone und ein Minzblatt genommen werden.
5. Die Süßspeise ist dickflüssig und wird mit einem Löffel aus der Schale geschöpft.

2.4. Vegetarische Gerichte

1. Mapo Tofu (Mapo Dofu)

Dieses chinesische Rezept stammt aus der Sichuan-Küche und hat übersetzt einen etwas eigenartigen Namen. Mapo Tofu bedeutet „nach Art der pockennarbigen alten Frau“, die dieses Gericht nach der Überlieferung erfunden hat. Es wird normalerweise mit Hackfleisch zubereitet, kann aber auch mit Tofu als vegetarische Speise schmackhaft gelingen und ist so gleichzeitig für Veganer geeignet.

Schwierigkeitsgrad: leicht

Zubereitungsdauer: 20 min.

Nährwerte/Kalorien: 117 kcal

Zutaten:

250 g Tofu
100 g Sojaschnetzel
2 Chilischoten
¼ Stk. Ingwer
1 Knoblauchzehe
2 Frühlingszwiebeln
3 EL Sojasauce
1 TL Sesamöl
1 TL Kräutersalz
Salz, Pfeffer, Öl

Zubereitung:

1. Das Tofu trockentupfen und in Würfel schneiden.
2. Die Sojaschnetzel mit kochendem Wasser übergießen und mit Kräutersalz würzen. Sie sollten etwa 20 Minuten ziehen.
3. Die Zwiebeln in Ringe schneiden, den Knoblauch hacken. Den Ingwer schälen und würfeln.
4. Die Chilischoten waschen und zerkleinern.
5. In einer Pfanne oder im Wok etwas Öl erhitzen, die Schoten und das restliche Gemüse hinzufügen. Von den Frühlingszwiebeln einen Teil zum Garnieren zurückbehalten.

6. Die Sojaschnetzel dazugeben und das Ganze so lange anbraten bis die Flüssigkeit verdampft ist.
7. Zum Schluss den Tofu einfüllen und mit Sojasauce abschmecken.
8. Das Gericht wird mit den restlichen frischen Frühlingszwiebelringen bestreut und mit etwas Sesamöl beträufelt. Es schmeckt köstlich mit Reis.

2. Scharfes Gemüse (Pao Cai)

Zu den veganen Gerichten gehört eingelegtes Gemüse, das in China oft als Beilage serviert wird und dabei auch etwas schärfer schmecken kann. Benötigt wird dafür ein Gartopf oder ein chinesischer Tanzi als Gefäß zum Garen. Wer beides nicht zur Hand hat, kann ein normales Einmachglas verwenden.

Zutaten:

250 g Ingwer
200 g Chilischoten
½ Rettich
1 Karotte
20 g Kandiszucker
4 Knoblauchzehen
30 g Meersalz
1 l Wasser
2 Lorbeerblätter
Salz, Pfeffer, etwas Baijiu-Schnaps

Schwierigkeitsgrad: leicht

Zubereitungsdauer: 20 min.

Nährwerte/Kalorien: 139 kcal

Zubereitung:

1. Der Knoblauch und der Ingwer werden fein gehackt, die Chilischoten in kleine Stücke geschnitten. Den Rettich und die Karotte schälen und in sehr dünne Scheiben schneiden.
2. Das Gemüse sollte gut trocken sein, bevor es in das Einmachglas gelegt wird.
3. Das Einmachglas ebenfalls gründlich auswaschen und trocknen lassen.
4. Den chinesischen Schnaps ins Glas geben und gleichmäßig darin verteilen.
5. In einem Topf wird nun Wasser erhitzt, mit Lorbeerblättern, Kandiszucker und Pfeffer gewürzt. Es sollte 5 Minuten kochen, danach gut abkühlen.
6. Das Gemüse in das Einmachglas füllen und bis zum Rand mit Wasser aufgießen.
7. Noch etwas Baijiu dazugeben, Salz hineinfüllen und das Glas mit dem Deckel verschließen.
8. Das eingelegte Gemüse kann nach etwa 5 Tagen gegessen werden.

3.0.
Indien

3.1.
Vorspeisen und Suppen

1. Garnelen-Dal (Dahl)

Bei dieser traditionellen Vorspeise aus Indien handelt es sich um eine breiige Suppe, die meistens mit Hülsenfrüchten zubereitet wird und eine längere Kochzeit benötigt. Entscheidend für den leckeren asiatischen Geschmack sind die vielen verwendeten Gewürze. Der Garnelenspieß dazu gibt dem Gericht eine edle Note. Serviert wird indisches Dal dann mit gebackenem Brot oder Fladenbrot.

Zutaten:

300 g Garnelen
250 g Linsen
2 Knoblauchzehen
2 Zwiebeln
¼ Stk. Ingwer
500 ml Gemüsebrühe
300 ml Kokosmilch
200 ml Orangensaft
2 EL Limettensaft
1 TL Kurkuma
1 EL Kreuzkümmel
Salz, Pfeffer, Öl

Schwierigkeitsgrad:
mittel

Zubereitungsdauer:
35 min.

Nährwerte/Kalorien:
284 kcal

Zubereitung:

1. Die Linsen gut abtropfen lassen. Hier können rote Linsen aus der Dose genommen werden.
2. Zwiebeln und Knoblauch feinhacken. Den Ingwer in feine Scheiben schneiden und dann noch einmal zerkleinern.
3. In einem Topf etwas Öl erhitzen. Die Linsen hinzugeben und mit Salz, Pfeffer, Kurkuma und Kreuzkümmel würzen.
4. Den Inhalt mit Orangensaft und Gemüsebrühe ablöschen.
5. Den Linsenbrei etwa 15 Minuten bei geringer Hitze köcheln lassen, dann den Knoblauch und den Limettensaft hinzufügen.

6. Währenddessen die Garnelen waschen, würzen und in einer Pfanne mit etwas Öl anbraten.
7. Zu den Linsen nun die Kokosmilch geben und den Dal mit einem Mixstab pürieren.
8. Die Garnelen auf einen Spieß anrichten und über den Teller mit Dal legen. Dekorativ kann etwas Kokosmilch schaumig geschlagen werden und dann auf die Suppe gegeben werden.

2. Mango-Chutney

Chutneys sind in Indien leckere Dips und Beilagen zu gebratenem Fleisch oder gedünstetem Fisch. Es gibt vielseitige Geschmacksrichtungen, die entweder schärfer, süßsauer oder fruchtig mit Obst zubereitet werden. Das Rezept soll dabei eine fruchtig-scharfe Mischung sein und wird mit Mango, Paprika und Chili frisch zubereitet.

Zutaten:

- 2 Paprikas
- 1 Mango
- 2 Chilischoten
- 200 ml Kokosmilch
- 3 EL Limettensaft
- 1 Zwiebel
- 2 Knoblauchzehen
- 1 Stk. Ingwer
- 100 g Gelierzucker
- 1 TL Currypulver
- Salz, Pfeffer, Kokosöl

Schwierigkeitsgrad:
leicht

Zubereitungsdauer:
20 min.

Nährwerte/Kalorien:
98 kcal

Zubereitung:

1. Die Paprikas entkernen und in Würfel schneiden.
2. Die Mango waschen, zerteilen und den Kern entfernen. Die Frucht dann in kleine Stücke teilen.
3. Zwiebeln und Knoblauch hacken, den Ingwer zerkleinern. Die Chilischoten in kleine Stücke schneiden. Wenn es nicht zu scharf werden soll, die Kerne entfernen.
4. In einer Pfanne das Kokosöl erhitzen und darin die Zwiebeln, den Knoblauch und den Ingwer andünsten.
5. Die Mango- und Paprikastücke dazugeben, mit Limettensaft abschmecken und die Chilischoten und das Currypulver darunter mischen. Das Ganze mit Kokosmilch ablöschen.
6. Das Chutney zieht nun auf kleiner Flamme etwa 5 Minuten. Danach den Gelierzucker unterrühren und alles noch einmal kurz aufkochen.
7. Als Dip servieren oder in einem Einmachglas im Kühlschrank aufbewahren. Das Chutney schmeckt auch sehr gut zu Schafskäse oder gebackenem Camembert.

3. Panir (Paneer)

Als Vorspeise kann der Panir eine gelungene Abwechslung sein. Dabei handelt es sich um einen indischen Frischkäse, der in etwa die Konsistenz eines Ricotta hat und geschmacklich dem Mozzarella ähnelt. Er kann einfach selbst zu Hause gemacht werden und gehört zu den gesunden Speisen des Ayurvedas. Sehr gut schmeckt Panir z. B. in Currys oder als Füllung. Benötigt wird für die Zubereitung jedoch ein Nudelsieb und ein Mull- oder Leinentuch. Letzteres gibt es im Supermarkt unter Säuglingsbedarf.

Schwierigkeitsgrad: **leicht**

Zubereitungsdauer: **20 min.**

Nährwerte/Kalorien: **341 kcal**

Zutaten:

1,5 Liter Milch
3 EL Zitronensaft
Schüssel, Leinentuch und Nudelsieb

Zubereitung:

1. In einem Topf die Milch einfüllen und erhitzen.
2. Wenn die Milch zu kochen beginnt, wird der Topf vom Herd genommen und der Zitronensaft in der Milch verrührt.
3. Das führt dazu, dass die Milch gerinnt, sich aufspaltet und der Käse sich an der Oberfläche absetzt.
4. Für die weitere Zubereitung wird nun eine Schüssel mit Sieb aufgestellt. In das Sieb wird das Leinentuch gelegt.
5. Den Topfinhalt vorsichtig in das Sieb gießen, so dass sich der Käse im Leinentuch sammelt.
6. Das Leinentuch am besten mit einem Holzlöffel verknoten und zurechtdrehen. Dadurch wird die restliche Flüssigkeit herausgepresst.
7. Der Panir sollte etwa 2 Stunden gut abtropfen können und kann anschließend mit leckeren Beilagen serviert werden, z. B. mit einer interessanten Würzsauce oder mit etwas Reis und Gemüse. Mit Brot schmeckt der Käse auch, sollte dann noch einmal stärker mit Kräutern und etwas Öl gewürzt werden.

3.2.
Hauptspeisen

1. Tandoori Lamm

Unter Tandoori fallen alle indischen Speisen, die mit einer Marinade zubereitet werden, die aus Gewürzen und Joghurt besteht und mit Limettensaft abgeschmeckt wird. Sehr gut gelingt Tandoori bei Geflügel, aber auch in der Kombination mit deftigeren Fleischsorten, z. B. Lamm. Der Klassiker aus Indien macht in der Küche wenig Arbeit und verzaubert durch interessante Geschmackskompositionen. Damit die Marinade gut in das Fleisch einzieht, sollte sie mind. 4 Stunden im Kühlschrank ziehen können.

Schwierigkeitsgrad:
leicht

Zubereitungsdauer:
50 min.

Nährwerte/Kalorien:
426 kcal

Zutaten:

4 Lammfilets oder Lammrückenstücke
150 g Sahnejoghurt
2 Papayas
1 Knoblauchzehe
¼ Stk. Ingwer
3 EL Limettensaft
1 Bd. Koriander
2 TL Kurkuma
2 EL Tandoori Masala
Salz, Pfeffer, Olivenöl

Zubereitung:

1. Den Sahnejoghurt in eine Schüssel geben und verrühren, bis er cremig ist.
2. Etwas Öl, Limettensaft, Salz, Pfeffer und Tandoori Masala dazugeben. Die Gewürzmischung enthält u. a. Kreuzkümmel, Chili und Koriandersamen. Falls das Gewürz nicht erhältlich ist, können auch die Einzelzutaten verwendet werden.
3. Den Ingwer, Knoblauch und die Zwiebeln kleinschneiden und in die Joghurt-Marinade geben.
4. Das Lammfleisch waschen, trockentupfen, etwas kleiner schneiden und dann in die Marinade geben. Das Fleisch sollte etwa 4 Stunden im Kühlschrank ziehen.

5. Die Papayas waschen, halbieren und entkernen. Das Fruchtfleisch dann mit einem Löffel herauslösen und in eine Schüssel geben. Die Papaya mit Salz und Pfeffer würzen. Frischen Koriander dazugeben und mit Limettensaft verfeinern.
6. In einer Pfanne etwas Öl erhitzen und zunächst Kurkuma darin anschwitzen und das gewürzte Papayafruchtfleisch hinzufügen und mit Salz und Pfeffer abschmecken.
7. Das Lammfleisch in einer weiteren Pfanne oder auf dem Grill kurz anbraten.
8. Auf einem Teller die Lammstücke mit dem heißen Papayamus servieren.

2. Hähnchen Curry (Murgh Tikka Masala)

In Indien ist die Kuh ein heiliges Tier. Daher ist der Verzehr von Rindfleisch eher seltener. Wenn Fleisch auf den Teller kommt, ist das meistens Lamm-, Hammel- oder Hühnerfleisch, das schmackhaft mariniert wird. Fantastisch in indischen Restaurants schmeckt das Tikka Masala Hähnchen in einer Tomaten-Sahne-Sauce.

Zutaten:

450 g Hähnchenbrustfilet
150 g Sahnejoghurt
4 Chilischoten
1 TL Kichererbsenmehl
3 Tomaten
4 Knoblauchzehen
¼ Stk. Ingwer
2 Zwiebeln
1 TL Tomatenmark
200 ml Wasser
150 ml Sahne
1 EL Bockshornkleeblätter
3 EL Garam Masala
2 TL Chilipulver
2 TL Kreuzkümmel
2 TL Koriander
1 Zitronengras
2 EL Limettensaft
Salz, Pfeffer

Schwierigkeitsgrad: leicht

Zubereitungsdauer: 60 min.

Nährwerte/Kalorien: 298 kcal

Zubereitung:

1. Zwiebeln und Knoblauch hacken. Chilischoten entkernen und kleinschneiden. Ein kleines Stück Ingwer zerreiben.
2. Das Hühnerfilet waschen, trockentupfen und in kleine Stücke schneiden.
3. Für die Marinade den Joghurt sahnig rühren und Zwiebeln, Chili, Knoblauch und Ingwer dazugeben und weiter mit Salz, Kichererbsenmehl, Chilipulver und Zitronensaft vermengen.
4. Das Fleisch in die Marinade geben und 2 Stunden im Kühlschrank ziehen lassen.
5. Die marinierten Hähnchenfiletstücke in einer Pfanne mit etwas Öl etwa 10 Minuten anbraten und danach auf einen Teller geben.
6. Währenddessen in einem Topf etwas Öl erhitzen und die Zwiebeln, den Ingwer und Knoblauch anbraten. Zwei weitere Chilischoten hinzufügen und mit Salz und Pfeffer, Chilipulver und mit jeweils 2 Teelöffeln Kreuzkümmel und Koriander abschmecken.
7. Tomaten schneiden und dazugeben. Mit Tomatenmark abschmecken.
8. Den Topfinhalt mit Wasser ablöschen, Salz und die Bockshornkleeblätter dazugeben und 10 Minuten auf kleiner Flamme kochen lassen.
9. Zum Schluss die Sahne und das Fleisch unterrühren. Mit Limettensaft und Garam Masala würzen. Auf dem Teller kann das Tikka Masala dann mit frischen Minze- oder Korianderblättern angerichtet und mit Reis serviert werden.

3. Vindaloo (Vindalho)

Wer es gerne scharf mag, kann sich an einem Vindaloo versuchen, ein Rezept, dass aus Goa stammt und mit Schweinefleisch zubereitet wird. Dieses wird in einer Marinade aus Gewürzen, Knoblauch und Wein eingelegt. Statt Schweinefleisch kann auch Geflügel verwendet werden. Die Gewürzpalette umfasst Chili, Nelke, Kardamom, Pfeffer, Kreuzkümmel, Ingwer, Zimt, Koriander und Zimt, das Fleisch kann aber auch mit einer fertigen Currypaste gelingen. Die Zubereitung ist einfach, allerdings ist der Zeitaufwand etwas höher. Die Marinade sollte einen Tag vorher angerührt werden, so dass die 4 Stunden bei der Zubereitung dann von der Gesamtzeit wegfallen.

Zutaten:

- 500 g Schweinefleisch
- 250 g gehackte Tomaten
- 2 Zwiebeln
- 6 Knoblauchzehen
- 2 Chilischoten
- ¼ Stk. Ingwer
- 1 TL Senfsamen
- 1 TL Chili
- 1 TL Bockshornklee
- 1 TL Kardamom
- 1 EL Kreuzkümmel
- 1 EL Koriander
- 1 TL Kurkuma
- 3 Nelken
- 1 Zimtstange
- 2 EL brauner Zucker
- 1 EL Essig
- 50 ml Rotwein

Schwierigkeitsgrad: mittel

Zubereitungsdauer: 20 min.

Nährwerte/Kalorien: 457 kcal

Zubereitung:

1. Das Fleisch waschen, trockentupfen und in Stücke schneiden.
2. Für die Marinade Ingwer und 2 Knoblauchzehen hacken und kurz in einer Pfanne andünsten.
3. Die trockenen Gewürze in einem Mörser feinmahlen. Dann Kurkuma dazugeben. Die Chilischoten und die Zimtstange zerkleinern.
4. Die Gewürze in eine Schüssel füllen, mit Rotwein, Zimt, etwas Essig, Zucker und den gehackten Chilischoten vermischen.
5. Das Schweinefleisch in die Marinade geben und mind. 4 Stunden im Kühlschrank ziehen lassen.

6. In einer Pfanne etwas Butterschmalz oder Öl erhitzen und den restlichen Knoblauch anbraten. Curry und Senfkörner dazugeben. Zwiebeln schneiden und mit anbraten.
7. Nun kommen die gehackten Tomaten mit etwas Curry, Chili und Lorbeerblätter dazu.
8. Das marinierte Schweinefleisch in die Pfanne geben und mit etwas Wasser ablöschen.
9. Das Vindaloo sollte etwa 2 Stunden bei niedriger Hitze ziehen, bis das Curry dickflüssiger und keine Flüssigkeit zurückgeblieben ist.
10. Mit Salz und etwas Zitronensaft abschmecken und dann mit Reis servieren.

3.3. Nachspeisen und Desserts

1. Bananen-Ingwer-Lassi

Als Dessert oder erfrischendes Getränk nach dem Essen wird in Indien gerne Lassi getrunken. Das Traditionsgetränk ist einfach zuzubereiten und kann in vielen Geschmacksrichtungen verfeinert werden. Süße und scharfe Rezepturen regen dabei auch den Stoffwechsel an und schmecken in der Konsistenz asiatisch einzigartig. Lassi wird immer mit den Grundzutaten aus Joghurt und Wasser zubereitet.

Schwierigkeitsgrad: **leicht**

Zubereitungsdauer: **15 min.**

Nährwerte/Kalorien: **62 kcal**

Zutaten:

250 g Joghurt
4 Bananen
¼ Stk. Ingwer
1 TL Honig
500 ml Wasser

Zubereitung:

1. Die Bananen schälen und in kleine Stücke schneiden.
2. Den Ingwer zerkleinern und fein reiben.
3. In einer Schüssel Joghurt und Honig verrühren, die Bananen und den Ingwer dazugeben.
4. Die Mischung mit Wasser aufgießen, pürieren und dann in hohe Gläser abfüllen.

2. Kulfi

Kulfi ist ein würziges indisches Eis und schmeckt natürlich besonders in der heißen Sommerzeit hervorragend. Es kann fruchtig oder nussig würzig zubereitet werden. Dieses Rezept ist mit Kardamom, Pistaziennüssen und Krokant. Dazu verfeinert eine Prise Safran das gesamte Aroma. Das Eis sollte mindestens 1 Tag im Gefrierfach bleiben. Wenn es schneller gehen soll, kann eine Eismaschine genutzt werden. Auch werden für die Zubereitung Muffin-Formen benötigt, damit einzelne Portionen gemacht werden können. Sehr lecker schmeckt Kulfi mit einem Fruchtspiegel, z. B. aus Erdbeeren oder Himbeeren.

Schwierigkeitsgrad: leicht

Zubereitungsdauer: 20 min.

Nährwerte/Kalorien: 189 kcal

Zutaten:

- 500 ml Milch
- 400 ml Sahne
- 250 ml Kondensmilch
- 2 EL Maismehl
- 100 g Zucker
- 4 Eigelb
- 5 Safranfäden
- 150 g Pistazien
- 2 EL gemahlene Mandeln
- 5 EL Kardamom
- 200 g gefrorene Früchte oder Beeren

Zubereitung:

1. Etwa 100 ml Milch in eine Schüssel füllen und mit dem Maismehl verrühren.
2. Einen Topf mit der restlichen Milch aufsetzen, dazu die Sahne und Kondensmilch geben und das Ganze zum Kochen bringen. Die Safranfäden untermischen, den Topf von der Kochstelle nehmen und mit Zucker auffüllen.
3. Etwas von der gekochten Milch in eine Schüssel füllen und mit Eigelb mixen. Auch dieses Gemisch kurz aufkochen, dann unter ständigem Rühren mit dem Maismehl und der Milch verrühren, bis sich eine dickere Konsistenz einstellt.
4. Die Pistazien fein hacken und mit Kardamom und Mandelpulver in den Topf geben.
5. Die flüssige Masse sollte nun gut abkühlen und wird dann in eine Form oder in mehrere Muffin-Formen gefüllt und über Nacht tiefgekühlt.
6. Das Eis wird auf einem Fruchtspiegel serviert. Dafür die Beeren oder Früchte in einem Topf erhitzen und fein pürieren. Mit Kardamom würzen, etwas abkühlen lassen und zusammen mit dem Eis auf einem Teller servieren.

3.4. Vegetarische Gerichte

1. Pakoras

Gebackenes oder frittiertes Gemüse schmeckt nicht nur köstlich, sondern kann auch nach Belieben mit Dips verfeinert werden. In Indien haben Pakoras Tradition und werden dort oft mit süßsauren Saucen oder einer schmackhaften Minzsauce serviert. Diese vegetarische Speise im Teigmantel ist auch für Veganer geeignet. Sie kann als Beilage oder als Zwischenmahlzeit zubereitet werden.

Schwierigkeitsgrad: mittel

Zubereitungsdauer: 45 min.

Nährwerte/Kalorien: 283 kcal

Zutaten:

- 2 Zucchini
- 1 Zwiebel
- 2 Karotten
- 4 Kartoffeln
- 150 g Kichererbsenmehl
- 1 Stk. Ingwer
- 1 Knoblauchzehe
- 1 Bd. Koriander
- 1 TL Kurkuma
- 1 TL Natron
- 1 TL Cayennepfeffer
- Salz, Öl

Zubereitung:

1. In einer Schüssel das Kichererbsenmehl mit etwas Wasser, Salz, Cayennepfeffer, Kurkuma und Natron verrühren.
2. Den Ingwer und den Knoblauch schälen und kleinhacken. In die Schüssel geben.
3. Den Bund Koriander abspülen, trocknen und fein hacken.
4. Die Zucchini schälen, schneiden und grob raspeln. Dazu die Zwiebel zerkleinern.
5. Alle Zutaten werden dem Teig beigemengt, aus dem dann kleine Bällchen geformt werden.
6. In einer Pfanne etwas Öl erhitzen und die Teigbällchen portionsweise ausbacken. Pro Pakoras sind etwa 5 Minuten Frittierzeit nötig.
7. Nach dem Ausbacken sollten sie gut abtropfen und dann heiß mit einem leckeren Dip serviert werden.

2. Linsencurry

Der Verzehr vegetarischer Speisen ist in Indien seit langer Zeit Tradition. Daher ist das Land auch berühmt für das bekannte Linsencurry. Linsen gehören heutzutage zum Superfood und sind Hülsenfrüchte, die eine Fleischmahlzeit leicht ersetzen können und dennoch die wichtigen Proteine liefern. Dieses Rezept gelingt einfach und kann mit Kokosmilch zusätzlich verfeinert werden.

Schwierigkeitsgrad: **leicht**

Zubereitungsdauer: **30 min.**

Nährwerte/Kalorien: **384 kcal**

Zutaten:

250 g rote Linsen
200 g Mangold
2 Frühlingszwiebeln
2 Knoblauchzehen
1 Stk. Ingwer
500 ml Gemüsebrühe
400 ml Kokosmilch
1 TL Kurkuma
1 TL Kreuzkümmel
2 EL Sesam
1 Bd. frische Minze
3 EL Limettensaft
Salz, Pfeffer, Öl

Zubereitung:

1. Die roten Linsen werden in einem Sieb durchgespült und sollten dann gut abtropfen.
2. Währenddessen den Mangold waschen und in kleine Würfel schneiden.
3. Knoblauch und Zwiebeln hacken, den Ingwer schälen und kleinschneiden. Hier genügen etwa 3 Zentimeter von der Wurzel.
4. In einer Pfanne etwas Öl erhitzen, die Frühlingszwiebeln, den Knoblauch und den Ingwer darin andünsten.
5. Das Ganze mit Kurkuma, Kreuzkümmel und Sesam würzen und den Pfanneninhalt mit Brühe und Kokosmilch aufgießen.
6. Etwas nachsalzen und die Mischung 15 Minuten bei mittlerer Hitze ziehen lassen.
7. Das Linsencurry danach mit Limettensaft und Salz verfeinern.
8. Serviert wird es mit frischer Minze.

4.0. Indonesien

4.1.
Vorspeisen und Suppen

1. Frühlingsrolle (Lumpia)

Die Gemüsezutaten für die beliebte indonesische Frühlingsrolle sind vielfältig. Sehr gut gelingt das Rezept mit Bohnen, Mungobohnensprossen, Chinakohl, Paprika und Kohlrabi. Damit das Rezept gelingt, kann im Supermarkt tiefgefrorener fertiger Frühlingsrollenteig gekauft werden. Hier enthält eine Packung meistens 20 bis 30 Stück.

Schwierigkeitsgrad:
leicht

Zubereitungsdauer:
45 min.

Nährwerte/Kalorien:
154 kcal

Zutaten:

1 Chinakohl
1 Kohlrabi
3 Karotten
2 Paprika
50 g Mungobohnensprossen
100 g grüne Bohnen
2 Zwiebeln
2 Knoblauchzehen
1 EL Austernsauce
1 EL Sojasauce
1 Pck. Frühlingrollenteig
Salz, Pfeffer Öl

Zubereitung:

1. Die Bohnen in einem Sieb gut abtropfen lassen.
2. Zwiebeln und Knoblauch schälen und hacken.
3. Paprika, Karotten und Kohlrabi in kleine Stücke schneiden. Chinakohl zerteilen und in Streifen schneiden.
4. In einer Pfanne etwas Öl erhitzen und das Gemüse mit dem Chinakohl und den Mungobohnensprossen anbraten.
5. Die Pfanne mit Austern- und Sojasauce ablöschen, dann mit etwas Salz und Pfeffer abschmecken. Das Ganze kann dann abkühlen und sollte noch schön knackig sein.

6. Den Teig ausrollen und die einzelnen Teigstücke zurechtlegen.
7. Mit einem Löffel die Füllung verteilen und die Teigstücke vorsichtig zusammenrollen.
8. Die Rollen mit etwas Wasser anfeuchten und an den Ecken zukleben.
9. In der Pfanne nun viel Öl erhitzen und die Frühlingsrollen frittieren. Wer es nicht so fettig mag, kann diese auch bei 180 Grad im Backofen zubereiten. Sie schmecken mit Dips oder Sojasauce hervorragend.

2. Sambal Goreng Telor

Diese indonesische Beilage macht aus Eiern ein würziges vegetarisches Gericht und kann auch gut als Vorspeise serviert werden. Alle Zutaten gibt es im Supermarkt. Sehr gut schmeckt Sambal Goreng Telor dann mit Bohnen und scharfer Sauce.

Zutaten:

- 4 Eier
- 4 Tomaten
- 2 Zwiebeln
- 3 Knoblauchzehen
- 300 g grüne Bohnen
- 2 Zitronengrasstiele
- 2 Salamblätter
- 2 Chilischoten
- 10 g Krabenpaste
- 2 EL Erdnussöl
- 250 ml Gemüsebrühe
- 100 ml Kokosmilch

Schwierigkeitsgrad: leicht

Zubereitungsdauer: 30 min.

Nährwerte/Kalorien: 262 kcal

Zubereitung:

1. Den Ingwer schälen und feinhacken. In einem Mörser mit Zitronengras, Chili und den Salamblättern zerstoßen. Daneben Zwiebeln und Knoblauch hacken.
2. Die Eier kochen und abkühlen lassen.
3. In einem Wok das Erdnussöl erhitzen und die Zwiebeln und den Knoblauch andünsten, mit Brühe und etwas Krabbenpaste ablöschen.
4. Die Gewürzmischung aus dem Mörser dazugeben.
5. Die Bohnen in einem Topf kochen und abtropfen lassen.
6. Die Tomaten schneiden und in den Wok zusammen mit der Kokosmilch geben.
7. Die Eier in Hälften schneiden und in den Wok geben, dann mit den Bohnen servieren.

4.2. Hauptspeisen

1. Bami Goreng

Zu den bekanntesten traditionellen Gerichten aus Indonesien gehört das Bami Goreng. Hier werden gebratene Nudeln mit leckeren Gemüsesorten und Fleisch gemischt und im Wok zubereitet. Auch nicht fehlen dürfen Bambus, Zwiebeln, Sojasprossen und Mungobohnen. In Indonesien werden die gebratenen Nudeln auch gerne mit Ei verfeinert.

Schwierigkeitsgrad: leicht

Zubereitungsdauer: 40 min.

Nährwerte/Kalorien: 362 kcal

Zutaten:

- 150 g Eiernudeln
- 200 g gekochter Schinken
- 1 Karotte
- 2 Eier
- ¼ Stk. Ingwer
- 1 Stg. Lauch
- 1 Zwiebel
- ½ Stg. Sellerie
- 100 g Sojasprossen
- 50 ml Sojasauce
- 20 ml Orangensaft
- 2 EL brauner Zucker
- 1 TL Kurkuma
- 1 TL Sambal Oelek
- Salz, Pfeffer, Öl

Zubereitung:

1. Die Eiernudeln nach der Packungsangabe zubereiten und kochen.
2. In einer Schüssel die Sojasauce, Sambal Oelek, Curry, Kurkuma, Salz und Pfeffer mit dem brauen Zucker verrühren. Wer möchte, kann auch noch etwas Balsamicoessig hinzugeben.
3. Die Eier verquirlen und an die heißen Eiernudeln geben.
4. Die Karotte, den Sellerie, Ingwer, Knoblauch und die Zwiebeln schälen und fein hacken. Den Schinken in kleine Stücke schneiden. Den Lauch in Ringe zerteilen.
5. Im Wok etwas Öl erhitzen, die Sojasprossen, die Zwiebeln und den Knoblauch kurz andünsten und mit der Gewürzsauce übergießen. Dann das Gemüse und den Schinken dazugeben und 5 Minuten anbraten. Etwas Orangensaft hinzufügen und alles weitere 5 Minuten kochen lassen.
6. Zum Schluss die Nudeln unterheben und heiß servieren.

2. Nasi Goreng

Ein schnell zubereitetes traditionelles Gericht ist die Variante mit Reis, die in Indonesien häufig serviert wird. Sehr gut schmeckt der gebratene Reis mit Garnelen, Hähnchen- oder Schweinefleisch. Auch hier kann Ei und Sojasauce an die Speise gegeben werden, was das Ganze verfeinert.

Schwierigkeitsgrad: **leicht**

Zubereitungsdauer: **20 min.**

Nährwerte/Kalorien: **292 kcal**

Zutaten:

- 200 g Basmatireis
- 2 Zwiebeln
- 3 Eier
- 1 Peperoni
- 2 Knoblauchzehen
- ¼ Stk. Ingwer
- 1 Tomate
- 3 EL süße Sojasauce
- Salz, Pfeffer

Zubereitung:

1. Zunächst die Eier verquirlen und in einer Pfanne wie ein Omelette anbraten. Danach in kleine Streifen schneiden.
2. Den Basmatireis kochen und im Topf lassen.
3. Knoblauch, Zwiebeln und Peperoni schneiden und in einem Mörser zerstampfen.
4. Ingwer hacken und mit etwas Salz und Öl in einer Pfanne anbraten. Die Zutaten aus dem Mörser dazugeben.
5. Die Tomate in kleine Stücke schneiden und unterrühren. Das Ganze etwa 10 Minuten köcheln lassen.
6. Am Ende die Eier und den Reis in die Pfanne geben und alles gut vermischen. Mit Sojasauce abschmecken und dann heiß servieren.

3. Würzige Hähnchenspieße mit Erdnusssauce (Sate Ayam)

Ein leckeres indonesisches Fleischgericht ist Sate Ayam. Die Spieße werden mit einer Erdnusssauce besonders schmackhaft und sind schnell zubereitet.

Schwierigkeitsgrad: **leicht**

Zubereitungsdauer: **2 Std. 40 min.**

Nährwerte/Kalorien: **228 kcal**

Zutaten:

- 500 g Hähnchenfilet
- 200 g Erdnussbutter
- 150 ml Hühnerbrühe
- 100 ml Kokosmilch
- 1 Zwiebel
- 1 Knoblauchzehe
- 1 Chilischote
- 1 EL Limettensaft
- 2 EL süße Sojasauce
- 1 TL Kurkuma
- 1 TL Muskatnuss
- Salz, Pfeffer, Erdnussöl

Zubereitung:

1. Die Hähnchenfilets waschen, trockentupfen und in längliche Streifen schneiden.
2. Die Marinade aus Öl, Limettensaft, Muskatnuss, Kurkuma, Salz und Pfeffer machen und das Fleisch darin 2 Stunden im Kühlschrank ziehen lassen.
3. Die Chilischote schneiden und die Zwiebeln und den Knoblauch schälen und hacken.
4. Im Wok oder in der Pfanne etwas Erdnussöl erhitzen und die Zwiebeln und den Knoblauch andünsten und mit Erdnussbutter verfeinern.
5. Das Ganze mit Hühnerbrühe ablöschen und die gehackte Chilischote dazugeben. Mit Limettensaft, Sojasauce und Kokosmilch ablöschen.
6. Das marinierte Fleisch auf Holzspieße stecken und in Erdnussöl in der Pfanne scharf anbraten.
7. Serviert werden die Spieße mit der übergossenen Erdnusssauce und gehacktem Koriander. Als Beilage schmeckt Basmati- oder Jasminreis.

4.3. Nachspeisen und Desserts

1. Gerollte süße Pfannkuchen (Dadar Gulung)

Dadar Gulung sind indonesische Pfannkuchen, die meistens eine grüne Farbe haben und mit Kokospaste gefüllt sind. Sie gelingen so leicht wie herkömmliche Pfannkuchen, verzaubern jedoch durch ihr einzigartiges Aroma. Wichtig ist, die Pfannkuchen dünn und flach zu machen und kalt zu servieren. Sie schmecken auch gut zu Tee und Kaffee.

Schwierigkeitsgrad:
leicht

Zubereitungsdauer:
25 min.

Nährwerte/Kalorien:
451 kcal

....

Zutaten:

250 g Mehl	200 ml Wasser
2 Eier	100 g Plamzucker
300 ml Kokosmilch	2 Pandanusblätter
120 g Kokosflocken	Salz, Erdnussöl

....

Zubereitung:

1. Einen Topf mit Wasser füllen und mit Salz und Palmzucker zum Kochen bringen.
2. Danach die Kokosflocken einrühren und das Ganze so lange kochen, bis die Flüssigkeit verdampft ist.
3. Die Pandanusblätter waschen und trocknen, dann in kleine Stücke schneiden und im Mörser zu einer grünen und weichen Paste zerstampfen.
4. In einer Schüssel das Mehl, die Mörserpaste, das Wasser, die Eier und die Kokosmilch zu einem zähflüssigen Teig verrühren und mit Salz abschmecken.
5. In einer Pfanne etwas Erdnussöl erhitzen und mit einer Kelle eine dünne Pfannkuchenschicht gleichmäßig verteilen.
6. Die gebratenen Pfannkuchen mit einem Esslöffel der Kokosnussfüllung bestreichen und dann zusammenrollen. Sie werden kalt serviert und schmecken süß und würzig.

2. Bakpia Kuchen mit süßer Erbsenfüllung (Bakpia Pathok)

Die kleinen und gefüllten Kuchen dürfen natürlich in der Rezeptsammlung indonesischer Süßspeisen nicht fehlen. Sie werden dort gerne als Gebäck verschenkt oder als Süßspeise zu Tee und Kaffee gereicht. Geeignet ist dieser süße Leckerbissen auch für Veganer und wird mit zwei verschiedenen Teigmischungen zubereitet.

Schwierigkeitsgrad: **mittel**

Zubereitungsdauer: **20 min.**

Nährwerte/Kalorien: **358 kcal**

Zutaten:

* *Teig A*	* *Teig B*	* *Füllung*
250 g Mehl	100 g Mehl	200 ml Kokosmilch
50 g Puderzucker	50 g Butter	100 g grüne Erbsen
100 ml Wasser	Salz, Zucker	100 g Zucker
50 g Butter		2 Pandanusblätter
½ TL Salz		200 ml Wasser
		Salz

Zubereitung:

1. Die Pandanusblätter schneiden und zerkleinern.
2. In einem Topf die Erben mit Wasser, Kokosmilch, Zucker, Salz und den Pandanusblättern kochen, bis sie weich sind. Danach mit einem Mixstab pürieren und abkühlen lassen.
3. Den ersten Teig aus den Zutaten zubereiten und zu einer festen Teigmasse verkneten. Daraus 10 Stücke formen.
4. Den zweiten Teil kneten. Die Butter kann vorher etwas verflüssigt werden. Auch hier die dann feste Teigmasse in 10 Teile portionieren.
5. Beide Teigsorten in den Stücken ausrollen und Teig B auf Teig A verteilen und noch einmal ausrollen.
6. Jeweils mit einem Esslöffel eine Portion der Füllung auf den Teig geben und diesen in den Kanten übereinander falten und zusammenkneten.

7. Die Teigtaschen auf einem Blech anrichten und den Backofen auf 180 Grad vorheizen.
8. Das Gebäck etwa 20 Minuten backen, bis es eine goldbraune Farbe angenommen hat.
9. Die Bakpia werden lauwarm oder kalt gegessen.

4.4.
Vegetarische Gerichte

1. Maisfrikadellen (Perkedel Jagung)

Perkedel Jagung sind in Indonesien ein köstlicher und vegetarischer Snack, der auch für Veganer geeignet ist und leicht zu Hause mit einfachen Zutaten gelingt. Hier können entweder frischer Mais oder die Maiskörner aus der Dose verwendet werden. Damit es etwas delikater schmeckt, wird zum Anbraten der Maisfrikadellen Erdnussöl genommen.

Zutaten:

350 g Mais (Dose)
130 g Reismehl
1 Zwiebel
1 Chilischote
1 Ei
¼ Stk. Sellerie
1 Knoblauchzehe
Salz, Pfeffer, Erdnussöl

Schwierigkeitsgrad: leicht

Zubereitungsdauer: 20 min.

Nährwerte/Kalorien: 142 kcal

Zubereitung:

1. Den Mais aus der Dose in einem Sieb gut abtropfen lassen.
2. Die Zwiebeln und den Knoblauch schälen und hacken, den Sellerie in feine Würfel schneiden. Die Chilischote entkernen und zerkleinern.
3. In einer Schüssel das Reismehl, die Eier, den Sellerie und etwas Salz vermischen und zu einer zähflüssigen Teigmasse verarbeiten.
4. Im Wok etwas Erdnussöl erhitzen. Mit einem Esslöffel aus der Teigmasse kleine Kugeln formen und vorsichtig in das Öl geben und frittieren.
5. Die fertigen Frikadellen dann auf einem Küchenpapier etwas abtropfen lassen und portionsweise mit Sojasauce servieren.

2. Gemüse in Erdnusssauce (Gado-Gado)

Ein vegetarischer Klassiker aus Indonesien ist Gado-Gado, was übersetzt etwa „Durcheinander" oder „Mischmasch" heißt. Der warme Gemüsesalat gelingt mit Erdnusssauce am besten, kann aber auch mit Kokosraspeln und Sambal Oelek zubereitet werden. Dieses Rezept ist einfach und auch für Veganer geeignet. Es wird lauwarm serviert. Wer möchte, kann das Gericht mit Tofu verfeinern.

Zutaten:

- 400 g Spitzkohl
- 100 g grüne Bohnen
- 150 g Sojasprossen
- 2 Karotten
- 300 g Tofu
- 2 Zwiebeln
- 250 g Erdnüsse (geröstet und ungesalzen)
- 100 g Reis
- 150 ml Kokosmilch
- 2 Knoblauchzehen
- 2 Schalotten
- 2 Chilischoten
- 2 EL süße Sojasauce
- 1 EL Limettensaft
- 2 EL Palmzucker
- Salz, Pfeffer, Öl

Schwierigkeitsgrad: leicht

Zubereitungsdauer: 40 min.

Nährwerte/Kalorien: 176 kcal

Zubereitung:

1. Den Reis kochen und abtropfen lassen.
2. Für die Erdnusssauce Schalotten, Knoblauch und Chili schneiden.
3. Die Erdnüsse zerkleinern und mit Salz und Palmzucker im Mörser zu einer Paste mahlen.
4. In einem Topf die süße Sojasauce mit der Paste und etwas Limettensaft verrühren und aufkochen. Die Kokosmilch untermischen und die Sauce eindicken lassen.
5. Nun das Gemüse zubereiten. Dafür die Karotten, die Zwiebeln und den Kohl in feine Streifen schneiden und die grünen Bohnen putzen und von den Enden befreien.
6. Den Tofu in Würfel schneiden.
7. In einem Topf nun die Gemüsebrühe kochen und das Gemüse darin blanchieren.
8. In der Pfanne währenddessen den Tofu in etwas Öl anbraten und salzen. Dann das Gemüse dazugeben und mit anbraten.
9. Auf dem Teller den Reis, die Gemüse-Tofu-Mischung und die Erdnusssauce anrichten.

5.0. Japan

5.1. Vorspeisen und Suppen

1. Tofu Misosuppe

Die japanische Misosuppe ist eine der bekanntesten Suppen des Landes, die als Vorspeise serviert und vielseitig zubereitet wird. Sie schmeckt eher mild, kann mit Nudeln, Tofu, mit Lachs oder Sojabohnen verdickt werden und enthält dabei immer Misopaste oder alternativ auch Currypaste. Die Misopaste ist eine dunkle Sojabohnenpaste, die es im Supermarkt zu kaufen gibt. Die traditionelle Suppe ist sehr kalorienarm und kann hervorragend auch als Hauptspeise dienen. In Japan wird sie überall aufgetischt, sowohl in den Restaurants als auch im Schnellimbiss.

Schwierigkeitsgrad: **leicht**

Zubereitungsdauer: **20 min.**

Nährwerte/Kalorien: **66 kcal**

Zutaten:

- 150 g Tofu (geräuchert)
- 3 Shiitake-Pilze (frisch)
- 1 Bd. Petersilie
- 1 Karotte
- 3 Frühlingszwiebeln
- 1 EL helle Sojasauce
- 2 EL Misopaste
- 1,2 l Gemüsebrühe
- Salz, Pfeffer

Zubereitung:

1. Die Pilze zunächst waschen, trockentupfen und die Stiele entfernen. Für die Suppe in Streifen oder kleine Würfel schneiden. (Die getrocknete Variante wird vorher in Wasser eingeweicht und dann auch zerkleinert.)
2. Die Karotte schälen und würfeln. Die Petersilie und die Zwiebeln hacken.
3. Den Tofu in Würfel schneiden.
4. In einem Topf etwas Öl erhitzen, das Gemüse kurz andünsten und mit Gemüsebrühe aufgießen. Sojasauce hinzufügen und mit Salz und Pfeffer abschmecken. Bei mittlerer Hitze etwa 10 Minuten köcheln lassen.
5. Die Misopaste und den Tofu dazugeben und die Suppe verrühren, bis sich die Paste aufgelöst hat. Petersilie hinzufügen und die Suppe heiß servieren.

2. Kleine Teigtaschen (Gyozas)

Eine klassische japanische Spezialität als Vorspeise sind Gyozas, kleine und gebackene Teigtaschen, die mit Gemüse und Hackfleisch gefüllt sehr lecker schmecken. Sie sind leicht zuzubereiten und werden dann heiß in Sojasauce getunkt. Möglich ist die Zubereitung in der üblichen Form oder als vegetarische Speise ohne Fleisch. Das Rezept ist die Version mit Hackfleisch und Pilzen. Die fertigen und gefrorenen Teigblätter gibt es als Packung in größeren Supermärkten oder im Asia-Geschäft.

Schwierigkeitsgrad: leicht

Zubereitungsdauer: 35 min.

Nährwerte/Kalorien: 394 kcal

Zutaten:

- 250 g Hackfleisch
- 5 Shiitake-Pilze
- 2 Karotten
- 1 Knoblauchzehe
- 1 Zwiebel
- 1 Pck. Gyoza-Teigblätter (120 g)
- 1 EL Fischsauce
- 1 EL Sojasauce
- 1 EL Reisessig
- Salz, Pfeffer

Zubereitung:

1. Die Shiitake-Pilze in Wasser einweichen und dann in Würfel schneiden.
2. Den Reisessig mit der Sojasauce in einer kleinen Schüssel verrühren.
3. Die Teigblätter sollten schon aufgetaut sein, während die restliche Zubereitung erfolgt. Am besten diese bereits einige Stunden vorher aus dem Gefrierfach nehmen.
4. Die Karotten schälen und fein raspeln. Die Zwiebel und den Knoblauch schälen und hacken.
5. Im Wok etwas Öl erhitzen und die Pilze, den Knoblauch und die Zwiebeln andünsten und abkühlen lassen.

6. Das Hackfleisch würzen und dazugeben. Wenn es angebraten ist, die Karotte hinzufügen und das Ganze mit Salz, Pfeffer und der Fischsauce abschmecken.
7. Nun immer ein Blatt Teig zurechtlegen und mit einem Esslöffel Füllung versehen. Der Rand der Teigblätter kann mit etwas Wasser bestrichen werden und hält dann beim Zusammenkneten besser. Die untere Hälfte wird einfach über die Füllung gefaltet, der Rand dann mit den Fingern geformt.
8. Im Wok wieder etwa 2 bis 3 Esslöffel Öl erhitzen und die Teigtaschen einzeln dazugeben und knusprig anbraten. Danach bei heruntergeschalteter Hitze noch einmal etwa 5 Minuten im Wok ziehen lassen. Sie sind fertig, wenn sie sich leicht lösen lassen und können dann mit einer Sojasauce oder einem schärferen Dip serviert werden.

3. Reisbällchen (Onigiri)

Onigiri sind runde, vier- oder dreieckig geformte Reisbällchen, die entweder einfach oder gewürzt als Vorspeise oder Beilage serviert werden. In Japan nimmt man dafür „Furikake“, eine Würzmischung, die aus Seetang, Sesam, geriebenem Fisch, Sojasauce, Salz und Zucker besteht, oder füllt die Onigiri mit Fisch, Gemüse, saurem Obst, Seetang oder Algen. Traditionell werden Onigiri mit Thunfisch oder gesalzenem Lachs serviert. Onigiri sind in Japan etwas günstiger als normales Sushi und werden auch als Speise zum Mitnehmen verkauft. Onigiri können mit Stäbchen oder mit den Fingern gegessen werden.

Schwierigkeitsgrad: leicht

Zubereitungsdauer: 45 min.

Nährwerte/Kalorien: 187 kcal

Zutaten:

400 g Reis (oder Sushi Reis)
1 Thunfisch
¼ Ingwer
3 TL Sesamöl
4 TL Sesamkörner
1 TL Fischsauce
1 Pck. Kresse
250 ml Wasser
1 EL Zucker
1 EL Mayonnaise
Salz

Zubereitung:

1. Reis kochen und gut quellen lassen, damit eine sehr feste Konsistenz entsteht. Die Flüssigkeit sollte komplett verdunstet sein. Dann bei geschlossenem Topf ruhen lassen.
2. Den Ingwer schälen und reiben. Den Thunfisch waschen, trockentupfen und in Streifen schneiden.
3. In einer Schüssel den Thunfisch, den Ingwer, etwas Sesamöl, die Sesamkörner, die Kresse und die Fischsauce verrühren.

▼

4. Den Reis im Topf kurz auflockern und mit Salz, Zucker, Reisessig und Sesamöl abschmecken.
5. Auf einer Frischhaltefolie etwas Reis verteilen und festdrücken, in der Mitte eine Mulde formen und einen Teelöffel Füllung hineingeben.
6. Die Frischhaltefolie zusammenklappen und den Reis mit Füllung gut einwickeln und festdrücken. Er kann nun nach Wunsch geformt werden, z. B. als Dreieck. Sehr gut schmeckt der Reis auch mit essbarem Seetang, der Nori genannt und dann als Umrandung verwendet wird.
7. Die Onigiri werden auf dem Teller mit Sesam garniert und in Sojasauce getunkt.

5.2. Hauptspeisen

1. Sushi

Das leckere japanische Sushi zu Hause selbst zu machen, ist gar nicht so schwer. Natürlich werden dafür bestimmte Zutaten benötigt, darunter Seetang bzw. Nori, der um den Reis mit Füllung dem Sushi die Festigkeit gibt. Die Füllungen sind jedoch sehr einfach, z. B. mit Thunfisch, Lachs, Tofu, Gurken, Karotten, Paprika, Rettich oder Avocado. Damit das Sushi geformt werden kann, ist eine Bambusrollmatte hilfreich. Diese gibt es im Asia-Laden oder auch in größeren Supermärkten im Sushi-Set.
Sushi ist wunderbar kalorienarm und sättigt als abwechslungsreiche Hauptspeise in kleiner Portion. Getunkt wird Sushi gerne in scharfe Wasabipaste, wobei sauer eingelegter Rettich den Geschmack neutralisiert.

Schwierigkeitsgrad: mittel

Zubereitungsdauer: 40 min.

Nährwerte/Kalorien: 179 kcal

Zutaten:

- 200 g Lachsfilet
- 400 g Sushi Reis
- 100 g Tofu
- 2 Karotten
- ¼ Rettich
- ½ Gurke
- 1 Avocado
- 3 EL Sojasauce
- 1 EL Wasabipaste
- 50 ml Reisessig
- 10 Noriblätter
- Salz, Zucker

Zubereitung:

1. Den Rettich waschen, in sehr feine und dünne Scheiben schneiden und in Reisessig oder etwas Zitronensaft einlegen. Er wird zum Sushi als Beilage gereicht.
2. Den Reis waschen und im Topf nach Anleitung ca. 20 Minuten kochen. Die Flüssigkeit sollte ganz verdampft sein und der Reis dann mit geschlossenem Deckel ziehen, bis er fest geworden ist.
3. In einer Schüssel Salz, Zucker und Reisessig vermischen. Diese Mixtur nun an den Reis geben und das Ganze verrühren.
4. Karotte, Gurke und Avocado schneiden und würfeln.
5. Den Lachs vorbereiten und in feine Streifen schneiden. Den Tofu würfeln und in einer Pfanne kurz anbraten und mit Sojasauce beträufeln.

6. Die Bambusrollunterlage auf den Tischlegen und jeweils ein Noriblatt darauf verteilen. Die glänzende Seite zeigt nach unten. Damit das Rollen gelingt, können die Finger etwas angefeuchtet werden.
7. Eine kleine Portion Reis gleichmäßig auf dem Nori verteilen und einen kleinen Rand lassen.
8. Etwa im unteren Bereich des Blattes etwas Gurke, Karotte, Tofu und Avocado legen. Beim zweiten dann statt Tofu den Lachs verwenden. Die Füllung kann ganz nach Belieben kreiert werden. Wichtig ist, die Rolle nicht zu voll zu machen.
9. Die Bambusrolle nun langsam aufrollen. Die Füllung wird dabei mit den feuchten Fingern an den Seiten eingedrückt. Die Bambusrolle soll dabei nicht mit eingerollt, sondern nur so lange bewegt werden, bis das Noriblatt mit dem Reis und der Füllung bedeckt und geformt ist. Das Sushi dabei leicht festdrücken.
10. Die Rolle nun mit einem Messer in einzelne Stücke zerteilen und das Sushi auf einem Teller mit dem eingelegten Rettich und einem Klecks Wasabi anrichten. Zum Schluss etwas Sesam darüber streuen.

2. Soba Nudeln aus dem Wok

Soba sind nussig schmeckende, japanische Nudeln aus Buchweizen und werden als leckere Alternative zu Reis serviert. Dabei können sie pur verzehrt oder mit verschiedenen Zutaten geschmacklich veredelt werden. Sie sind sehr leicht zuzubereiten und gehören auch in Japan zum Fast-Food. Hervorragend schmecken sie mit Shiitake-Pilzen, Sojasprossen und Sesam. Der süße Reiswein Mirin ist im Supermarkt oder Asia-Laden erhältlich und rundet den Geschmack ab. Die Soba-Nudeln sind im Vergleich zu italienischen Pasta kalorienärmer, enthalten viel Vitamin B und Eiweiß und bleiben als Hauptspeise eine interessante Alternative.

Schwierigkeitsgrad: leicht

Zubereitungsdauer: 20 min.

Nährwerte/Kalorien: 297 kcal

Zutaten:

- 250 g Soba Nudeln
- 4 Shiitake-Pilze (getrocknet)
- ¼ Ingwer
- 2 Knoblauchzehen
- 5 Frühlingszwiebeln
- 100 g Sojabohnen (Dose)
- 1 EL Sesamkörner (geröstet)
- 2 EL Sesamöl
- 1 EL Sojasauce
- 2 EL süßer Reiswein (Mirin)

Zubereitung:

1. Die Shiitake-Pilze in lauwarmem Wasser einweichen und dann zerkleinern. Die Stiele sollten entfernt werden, da sie holzig schmecken.
2. Die Zwiebeln und den Knoblauch schälen und in Würfel schneiden. Den Ingwer schälen und in feine Streifen schneiden.
3. In einer Schüssel den Reiswein, die Sojasauce und einen Esslöffel Sesamöl zu einem Sud anrühren.
4. Die Soba-Nudeln in kochendem Wasser 3 Minuten garen und abgießen.

5. In einem Wok etwas Öl erhitzen und die Zwiebeln, den Knoblauch und den Ingwer leicht andünsten. Dann die Shiitake-Pilze und Sojabohnen hinzufügen und danach die Soba-Nudeln in den Wok geben. Unter Rühren den Sesam-Sud dazu gießen und das Ganze etwa 5 Minuten im Wok ziehen lassen.
6. Serviert werden die Nudeln in einer kleinen Schale oder auf dem Teller mit etwas Sesam bestreut.

3. Paniertes Schweinefleisch (Tonkatsu)

Das japanische und gerne gegessene Tonkatsu erinnert an das Wiener Schnitzel, bleibt jedoch durch den einzigartigen Geschmack eine eigenständige japanische Speise. Serviert wird es in mundgerechten Stücken, meistens mit Weißkohl, Misosuppe oder Reis. Tonkatsu kommt auch in das Gericht Katsudon, das in einer Schüssel mit Reis und halbgarem Ei serviert wird. In der japanischen Tradition soll das Gericht Glück bei Examen und geschäftlichen Erfolg bringen und wird entsprechend vor solchen Ereignissen gegessen.

Schwierigkeitsgrad:
leicht

Zubereitungsdauer:
35 min.

Nährwerte/Kalorien:
399 kcal

Zutaten:

400 g Schweinesteaks
50 g Mehl
1 Ei
5 EL Sojasauce
100 g Panko (jap. Paniermehl)
Salz, Pfeffer, Öl

(Für die Zubereitung von Katsudon wird dann zusätzlich eine Misosuppe gemacht und Reis gekocht. Über das Gericht wird am Ende ein weich gekochtes Ei gegeben.)

Zubereitung:

1. Schweinefleisch waschen, trockentupfen und von Fett befreien. Die Steaks mit Salz und Pfeffer würzen.
2. Jeweils einen Teller mit Mehl, Panko und einem verquirlten und gewürzten Ei aufstellen und die Fleischstücke erst in Mehl, dann in dem Ei und schließlich im japanischen Paniermehl wälzen, bis die Panade das ganze Fleisch bedeckt.
3. Im Wok etwas Öl erhitzen und die panierten Schweinesteaks darin anbraten. Sie sind fertig, wenn sie eine goldbraune Farbe angenommen haben.
4. Das Fleisch auf einem Küchenpapier abtropfen lassen und in kleinere Stücke schneiden. Es kann pur, mit Sojasauce oder mit Brühe, Weißkraut und Ei verzehrt werden.

5.3. Nachspeisen und Desserts

1. Sakura Mochi (Wagashi)

Wagashi ist das japanische Wort für eine Süßspeise oder Süßigkeit. Die Sakura Mochi gehören dazu und bestehen aus japanischem gefärbtem Klebereis, der mit süßer Bohnenfüllung und Kirschblatt serviert wird und einen süß-salzigen Geschmack hat.
Die Zubereitung ist, wie bei allen japanischen Gerichten, etwas aufwendiger, jedoch mit Produkten aus dem Asia-Laden oder Supermarkt leicht möglich. Verwendet wird der Klebreis „Mochigome", eine klassische Rundkornreissorte, der hervorragend zusammenklebt und nicht gekocht, sondern nur gedämpft wird. Für die Füllung wird, damit es schneller geht, die fertige Kidneybohnenpaste „Anko" genommen. Sie kann aber auch selbst zubereitet werden.

Schwierigkeitsgrad:
leicht

Zubereitungsdauer:
35 min.

Nährwerte/Kalorien:
354 kcal

Zutaten:

- 150 g Klebreis (Mochigome)
- 150 g Anko
- 1 EL Lebensmittelfarbe
- 6 Kirschblätter (salzig eingelegt)
- 50 g Zucker

Zubereitung:

1. Den Reis waschen und am besten eine Nacht vorher in Wasser einweichen.
2. Für die Zubereitung dann den Reis abtropfen lassen und in ein Handtuch einschlagen. Danach mit einem Nudelholz kräftig bearbeiten und ausrollen.
3. Den Reis bei stärkerer Hitze etwa 20 Minuten im Dampfgarer dämpfen.
4. In einer Schüssel 150 Milliliter Wasser und 50 Gramm Zucker verrühren. Einige Tropfen Lebensmittelfarbe dazugeben.
5. Die Kirschblätter zum Entsalzen in Wasser einlegen.
6. Eine große Menge Zuckersirup an den Reis geben und im Topf ziehen lassen. Dabei etwas Zuckersirup zurückbehalten.
7. Aus der Bohnenpaste mit etwas Zuckersirup kleine Kugeln formen und auf einem Backblech anordnen.

8. Aus dem Reis etwa handgroße Kugeln formen und platt drücken. Ein Bällchen Bohnenpaste darauf verteilen und mit dem Reis vorsichtig umschließen.
9. Die Kirschblätter aus dem Wasser nehmen, trocknen und um jeweils ein Reisbällchen wickeln. Die glänzende Seite zeigt dabei nach außen.
10. Das Ganze auf einem Teller anrichten und servieren.

2. Yokan (Wagashi)

Auch Yokan gehört zu den traditionellen Süßspeisen Japans und stammt noch aus der Edo-Periode. Yokan werden als Nachspeise, zum Tee oder als Geschenk verwendet. Sie bestehen aus der Bohnenpaste „Anko", die mit Wasser und Zucker gekocht und in Form gegossen wird. In Japan wird Yokan in unterschiedlichen Variationen aufgetischt und mit leckeren Zutaten verfeinert, darunter mit Süßkartoffeln, Feigen oder Azukibohnen. Das Dessert wird entweder leicht gekühlt oder raumtemperiert serviert. Die gekühlte Version heißt „Mizo Yokan" und schmeckt besonders im Sommer, ist auch etwas cremiger und weicher.

Schwierigkeitsgrad: **leicht**

Zubereitungsdauer: **15 min.**

Nährwerte/Kalorien: **351 kcal**

Zutaten:

300 g Anko
150 g brauner Zucker
2 TL Agar Agar (Geliermittel)
250 ml Wasser

Zubereitung:

1. In einem Topf Wasser zum Kochen bringen und das Geliermittel Agar Agar einrühren, bis es sich aufgelöst hat. Das Ganze etwa 5 Minuten köcheln lassen.
2. Danach den braunen Zucker einrühren, bis er sich aufgelöst hat, und die Bohnenpaste dazugeben. Daraus sollte sich eine feste Masse bilden.
3. Die Yokan-Masse dann in eine Form oder Schüssel füllen und etwa 1 Stunde abkühlen lassen.
4. Aus der Masse dann mit einer Ausstechform Blumen oder Sterne formen und die Süßspeise auf einem Teller anrichten.

3. Japanische gefüllte Pfannkuchen (Dorayaki)

Flache und brötchenförmige Pfannkuchen aus Japan heißen Dorayaki und sind häufig mit einer süßen Ankopaste oder Kastanienmasse gefüllt. Um das Gebäck etwas europäischer zu machen, kann die Bohnenfüllung mit Marmelade gemischt werden. Dorayaki schmecken natürlich auch mit Nutella.

Schwierigkeitsgrad: leicht

Zubereitungsdauer: 55 min.

Nährwerte/Kalorien: 367 kcal

Zutaten:

200 g Mehl	½ TL Backpulver
100 g Anko	1 EL Honig
50 g Zucker	50 g Marmelade
3 Eier	Salz, Wasser

Zubereitung:

1. In einer Schüssel das Mehl mit den Eiern, etwa 3 Esslöffel Wasser, Zucker und Honig verrühren. Dazu Backpulver und eine Prise Salz geben und den Teig vermischen und etwa 30 Minuten aufquellen lassen.
2. In einer Schüssel die Bohnenpaste und die Marmelade verrühren.
3. In einer Pfanne etwas Öl erhitzen und mit einem Esslöffel einen Kleks Teig ins Öl geben und flach drücken. Sobald der Teig Blasen schlägt, den Pfannkuchen wenden. Die restlichen Pfannkuchen genauso frittieren.
4. Die gebackenen Dorayaki auf einem Küchentuch abtropfen lassen. Dann auf einem Teller jeweils einen Pfannkuchen mit der Bohnen- und Marmeladensauce bestreichen und mit einem weiteren zudecken. Serviert werden die Pfannkuchen mit einem Klecks Honig und schmecken dann sehr süß.

5.4. Vegetarische Gerichte

1. Japanisches Omelette (Tamagoyaki)

Diese Speise ist vegetarisch, jedoch nicht für Veganer geeignet. In Japan ist es schwierig, klassische vegetarische Gerichte zu finden, da immer viel Fisch oder auch Rindfleisch verwendet wird. Trotzdem lassen sich die Gerichte natürlich mit Gemüse zubereiten und schmecken genauso gut. Als schmackhafte Alternative soll das Tamagoyaki vorgestellt werden, das auch gerne als Beilage zum Sushi serviert wird. Dabei schmeckt das Omelett in Würfeln dann leicht süßlich, da Mirin, ein süßer Reiswein, zu den Zutaten gehört. Die Zubereitung ist einfach und benötigt wenig Zeit.

Schwierigkeitsgrad:
leicht

Zubereitungsdauer:
35 min.

Nährwerte/Kalorien:
255 kcal

Zutaten:

- 4 Eier
- 3 TL Mirin
- 2 TL Sojasauce
- 50 ml Gemüsebrühe
- Salz, Zucker, Öl

Zubereitung:

In einem hohen Teller die Eier mit Salz, Zucker, Reiswein, Sojasauce und Gemüsebrühe verquirlen. Dabei sollte das Ei schön schaumig geschlagen werden.

In einer beschichteten Pfanne etwas Öl erhitzen und etwa ein Drittel der Eimasse einfüllen. Sobald sich dieses gefestigt hat, die nächste Eimasse in mehreren Schritten dazugeben und vorsichtig am Rand der Pfanne lösen.

Ist das Omelette goldbraun und fest, kann es auf einem Teller leicht abkühlen und wird dann in schmale Streifen oder dickere Würfel geschnitten und serviert. Es macht Spaß, das Ei mit Stäbchen zu essen und in Sojasauce zu tunken.

2. Agedashi Tofu

Für Vegetarier und Veganer ist das Agedashi Tofu geeignet, ein frittierter Tofu, der mit gewürzter Sauce serviert wird. Er kann zu Hause mit Seidentofu sehr leicht und schmackhaft gelingen. Seidentofu ist Sojabohnenquark aus Japan und im Supermarkt oder Asia-Laden erhältlich. Er ist etwas weicher und hat die Konsistenz von Frischkäse. Dazu gehört auch Rettich an die Speise, genauer Daikon, ein japanischer Riesenrettich, der etwas kürzer und nicht ganz so scharf wie der übliche Rettich ist. Er hat eine entgiftende und entzündungshemmende Wirkung und ist reich an Vitaminen.

Schwierigkeitsgrad: leicht

Zubereitungsdauer: 35 min.

Nährwerte/Kalorien: 153 kcal

Zutaten:

300 g Seidentofu
1 Zwiebel
¼ Rettich oder Daikon
4 EL Mehl
3 EL Speisestärke
2 EL Mirin
2 EL Sojasauce

Zubereitung:

1. Den Seidentofu trockentupfen und entwässern.
2. Den Rettich schälen und reiben, die Zwiebel schälen und in Ringe schneiden.
3. In einem Topf den Reiswein und die Sojasauce anrühren, gegebenenfalls etwas Dashi-Pulver hinzufügen und das Ganze kurz aufkochen.
4. Den Tofu in Würfel schneiden und mit Mehl und Speisestärke bestäuben.
5. In einer Pfanne den Tofu goldbraun anbraten, die Zwiebelringe dazugeben und anschließend mit der Soja-Reiswein-Sauce und dem Rettich servieren.

6.0. Korea

6.1. Vorspeisen und Suppen

1. Koreanische Glasnudeln (Chap Chae)

Glasnudeln können sowohl als Vorspeise, Beilage oder als Hauptgericht serviert werden. Das klassische koreanische Rezept ist leicht zuzubereiten und magenfüllend. Die Chap Chae können im Supermarkt oder im Asia-Laden, z. B. als Süßkartoffel-Glasnudeln, gekauft werden. Sehr gut schmecken sie mit Sojasauce, Shiitake-Pilzen, Spinat und Gemüse.

Schwierigkeitsgrad: leicht

Zubereitungsdauer: 35 min.

Nährwerte/Kalorien: 235 kcal

Zutaten:

- 400 g Glasnudeln
- 2 Karotten
- 1 Zwiebel
- 150 g Shiitake-Pilze (getrocknet)
- 100 g Spinat
- 2 Paprika
- 1 Limette
- 2 EL Sesamöl
- 3 EL Sojasauce
- Salz, brauner Zucker, Öl

Zubereitung:

1. Die Shiitake-Pilze in lauwarmem Wasser vor der Zubereitung einweichen und dann von den Stielen befreien und klein schneiden. In einer Schüssel mit braunem Zucker und etwas Wasser anrühren.
2. Die Karotten und die Zwiebel schälen und in feine Streifen schneiden.
3. Den Spinat waschen, kurz in kochendem Wasser blanchieren und kalt abschrecken. In einem Sieb abtropfen lassen. Dann in einer Schüssel mit Sojasauce und Sesamöl verrühren.
4. Die Paprika entkernen und in Würfel schneiden.
5. Die Glasnudeln etwa 5 bis 10 Minuten, nach Anleitung, kochen und abtropfen lassen.
6. Im Wok etwas Öl erhitzen. Das Gemüse darin leicht anbraten, die Pilze und die Glasnudeln dazugeben und alles vermengen. Den gewürzten Spinat unterrühren. Mit Sojasauce und Limettensaft abschmecken und in einer asiatischen Schale mit Stäbchen servieren.

2. Kimchi Jiggae

Ein klassischer Eintopf ist Kimchi Jiggae, z. B. mit Thunfisch. Die Suppe wird dabei in koreanischer Weise schön scharf zubereitet und gehört zu den einfachen Rezepten. Verwendet wird koreanische Chilipaste, die es im Supermarkt oder Asia-Laden zu kaufen gibt.
Damit der Eintopf schön reichhaltig wird, kommen Kartoffeln und Tofu dazu. Ein Highlight ist Kimchi, das eine Kombination aus Chinakohl und Rettich ist und in der koreanischen Küche nicht fehlen darf. Das Gemüse schmeckt leicht säuerlich und bietet viel Vitamin C. Es ist ebenfalls eingelegt im Supermarkt erhältlich.

Schwierigkeitsgrad: leicht

Zubereitungsdauer: 35 min.

Nährwerte/Kalorien: 311 kcal

Zutaten:

- 250 g Thunfisch (Dose)
- 300 g Kimchi
- 100 g Tofu
- 2 Kartoffeln
- 1 Stg. Lauch
- 1 Zwiebel
- 1 Knoblauchzehe
- 2 Chilischoten
- 2 EL Chilipaste
- 1 EL Sojasauce
- Salz, Pfeffer, Öl

Zubereitung:

1. Die Zwiebeln, den Knoblauch und die Chilischoten fein hacken, die Kartoffeln in kleine Würfel schneiden.
2. Den Tofu in Streifen schneiden und mit Salz und Sojasauce würzen.
3. In einem Topf etwas Sonnenblumenöl und das Thunfischöl aus der Dose erhitzen, die Zwiebeln und den Knoblauch dazugeben.
4. Nun die Kartoffeln hineinfüllen, mit Chilipaste und den Chilischotenstücken vermengen und das Kimchi untermengen. Tofu und Thunfisch einfüllen, anbraten und mit Wasser und Sojasauce ablöschen.
5. Der Topf zieht nun etwa 20 Minuten bei geschlossenem Deckel auf kleiner Flamme, bis die Kartoffeln durch sind.

6. Zum Schluss die Lauchringe in den Eintopf geben, mit Salz und Pfeffer abschmecken und das Ganze in einer Schale oder auf einem hohen Teller servieren. Das Gericht ist sehr scharf und hat eine belebende und anregende Wirkung.

6.2. Hauptspeisen

1. Würziges Feuerfleisch aus dem Wok (Bulgogi)

In Korea wird gerne scharf und würzig gekocht. Ein klassisches Rezept ist Bulgogi, das als Hauptspeise und auch als Festtagsgericht serviert wird. Die Zubereitung erfolgt normalerweise über offenem Feuer, kann zu Hause aber auch ganz einfach mit einem Wok gelingen. Hier bilden Chilipaste, Knoblauch und Ingwer die scharfe Essenz. Das Rindfleisch wird dann mariniert, gebraten und in Streifen mundgerecht zurechtgeschnitten. Alle Zutaten gibt es im Supermarkt oder Asia-Laden zu kaufen.

Schwierigkeitsgrad:
leicht

Zubereitungsdauer:
55 min.

Nährwerte/Kalorien:
487 kcal

Zutaten:

- 400 g Rinderfilet
- 2 Karotten
- 3 Frühlingszwiebeln
- 1 Zwiebel
- 1 Chilischote
- ¼ Birne
- 1 Knoblauchzehe
- 4 EL Weißwein
- 3 EL Mirin (Reiswein)
- 1 EL Honig
- 5 EL Sojasauce
- 1 EL Sesamöl
- 1 EL Sesamkörner

Zubereitung:

1. Das Rindfleisch waschen, trockentupfen und in Stücke schneiden.
2. Für die Marinade Sojasauce, Weißwein, Mirin, Honig, die Chilischote und gehackten Knoblauch verrühren.
3. Die Birne in kleine Stücke schneiden und an die Marinade geben. Den Sud am besten mit einem Mixer dickflüssig verrühren und das Fleisch dann in die Schüssel geben und ca. 40 Minuten ziehen lassen.
4. Die Zwiebel in Scheiben schneiden, die Frühlingszwiebeln würfeln. Die Karotte schälen und ebenfalls zerkleinern.

5. Im Wok etwas Sesamöl erhitzen und das marinierte Rindfleisch darin scharf anbraten.
6. Das Fleisch an die Seite des Woks tun und im Öl die Zwiebelringe und die Karottenstücke anbraten.
7. Alles wieder im Wok vermengen und die Frühlingszwiebeln hinzufügen.
8. Das Fleisch mit etwas Weißwein und Sesamöl ablöschen und auf dem Teller mit Sesam und Reis servieren.

2. Gemüse- und Fleischpfanne aus dem Wok (Bibimbap)

Eine würzige und stärkende koreanische Spezialität ist Bibimbap, ein Reisgericht mit Gemüse und Fleisch, das zu Hause ganz einfach nachgekocht werden kann. An den Reis werden Rindfleisch, Sojabohnen, verschiedenes Gemüse und Ei gegeben. Auch die scharfe Chilipaste darf nicht fehlen. In Korea wird Bibimbap häufig in einem heißen Steintopf zubereitet. Dieses Rezept gelingt auch im Wok.

Schwierigkeitsgrad: leicht

Zubereitungsdauer: 45 min.

Nährwerte/Kalorien: 391 kcal

Zutaten:

200 g Reis
400 g Rindfleisch
200 g Sojabohnensprossen
2 Zucchini
2 Karotten
1 Knoblauchzehe
1 Paprika
2 Eier
1 Zwiebel
½ Gurke
3 Frühlingszwiebeln
3 Shiitake-Pilze
1 EL Sesamöl
1 EL Chilipaste
1 EL Sojasauce
1 TL Honig
Salz, Pfeffer, Öl

Zubereitung:

1. Das Rindfleisch waschen, trockentupfen und in kleine Streifen zerteilen.
2. Eine Marinade aus Sojasauce, Honig, Sesamöl, Salz, Pfeffer, Chilipaste und Honig anrühren und das Fleisch darin einlegen und 30 Minuten ziehen lassen.
3. Die Shiitake-Pilze einweichen und klein schneiden.
4. Die Zwiebeln, die Paprika, die Zucchini, die Karotten und die Gurke klein schneiden. Den Knoblauch schälen und fein hacken.
5. Die Sojasprossen in heißem Wasser kurz andünsten.
6. Im Wok etwas Öl erhitzen und die Paprika, Karotten und Zwiebeln darin anbraten. Dazu die Gurke, die Pilze und den Knoblauch geben, kurz andünsten und alles an den Rand schieben.
7. In der Mitte des Woks etwas Sesamöl erhitzen und das marinierte Rindfleisch anbraten, dann das Gemüse untermengen.
8. Das Gericht wird heiß serviert, z. B. mit Reis. Wichtig ist, das in der Schüssel mit dem Fleisch dann rohes Eigelb oder alternativ ein Spiegelei verrührt wird. So wird die leckere Hauptspeise in Korea angerichtet und gegessen.

3. Koreanisches Hähnchen (Gochujang)

Auch Hähnchenfleisch ist in Korea beliebt und wird würzig zubereitet. Sehr lecker ist das Gochujang-Hähnchen, das einfach mit Hähnchenschenkeln und der Gochujang-Chilipaste zu Hause zubereitet werden kann. Die restlichen Zutaten sind ebenfalls im herkömmlichen Supermarkt zu finden. Das Gericht ist ein wahres Soul-Food der besonderen Art und schmeckt schön scharf und lecker.

Schwierigkeitsgrad:
leicht

Zubereitungsdauer:
45 min.

Nährwerte/Kalorien:
265 kcal

Zutaten:

6 Hähnchenschenkel
¼ Stk. Ingwer
1 Zwiebel
3 Knoblauchzehen
1 EL Chilipaste
1 EL Honig
1 EL Sesamöl
3 EL Sojasauce
1EL Sesamkörner
Meersalz, Pfeffer

Zubereitung:

1. Die Hähnchenschenkel waschen, trockentupfen und in eine Schüssel oder Auflaufform geben.
2. Eine Marinade aus Sesamöl, Zwiebeln, Knoblauch, Sojasauce, Chilipaste, Honig, Salz und Pfeffer anrühren und über die Hähnchenkeulen gießen. Das Fleisch sollte 1 Stunde ziehen.
3. Den Backofen auf 180 Grad vorheizen. Die Hähnchenschenkel auf einem Backblech mit Backpapier anordnen und 45 Minuten backen. Serviert werden sie mit Sesamkörnern und frischen Frühlingszwiebeln. Als Beilage schmecken Reis, Kimchi oder ein geröstetes Brot.

6.3. Nachspeisen und Desserts

1. Koreanische Pfannkuchen (Hoddeok)

Koreanische Süßspeisen und Desserts werden meistens zum Tee angeboten. Daher ist unter den Nachspeisen auch viel Gebäck, z. B. die leckeren Hoddeok, die mit Honig, Nüssen oder frischen Früchten schmecken. Da ein Hefeteig verwendet wird, benötigt dieser zu der Zubereitungszeit noch etwa 1 Stunde zum Aufgehen. Das Gebäck wird nicht im Backofen, sondern in der Pfanne zubereitet und mit Zimt und Muskatnuss gewürzt.

Schwierigkeitsgrad: leicht

Zubereitungsdauer: 25 min.

Nährwerte/Kalorien: 425 kcal

Zutaten:

250 g Mehl
½ Hefe
125 ml Wasser
125 ml Milch
3 EL Walnüsse
2 EL Erdnüsse
3 EL brauner Zucker
Salz, Zucker, Muskatnuss, Zimt

Zubereitung:

1. In einer Schüssel Mehl, Wasser, Milch, eine Prise Salz und Zucker vermischen, eine Kuhle formen, die Hefe einfüllen und die Teigmasse verrühren. Sie sollte auf das Doppelte aufgehen, am besten an einem warmen Ort, mit einem feuchten Tuch zugedeckt, gären.
2. Für die Füllung die Walnüsse und Erdnüsse in einem Mörser zerkleinern, dann mit braunem Zucker, Muskatnuss und Zimt vermischen.
3. Aus dem Teig jeweils kleine Bällchen formen, flach pressen und in die Mitte etwas Füllung verteilen und den Teig zusammendrücken.
4. In einer Pfanne etwas Öl erhitzen. Die einzelnen Pfannkuchen goldbraun von beiden Seiten backen. Dann mit Früchten oder Honig servieren.

2. Gesüßte Früchte (Jeonggwa)

Eine klassische Süßspeise sind Jeonggwa, die aus Früchten, Nüssen und Pflanzenwurzeln besteht und in Honig gekocht wird. Sehr gut eignen sich dazu auch Bambussprossen oder Ginseng, die eingelegt in Honig sehr gesund sind. Dieses Rezept hat viele wichtige Ballaststoffe und kann lecker mit im Supermarkt erhältlichen Früchten zubereitet werden, darunter mit Äpfeln, Aprikosen, Quitten, aber auch mit Lotuswurzeln oder Yuzu, einer schmackhaften Zitrusfrucht, um den asiatischen Flair hineinzubringen.

Schwierigkeitsgrad:
leicht

Zubereitungsdauer:
55 min.

Nährwerte/Kalorien:
257 kcal

Zutaten:

- 2 Äpfel
- 2 Aprikosen
- 5 Trockenpflaumen
- 100 ml Stärkesirup
- 2 TL Salz
- 1 TL Zimt
- 3 EL brauner Zucker
- 2 EL Honig
- 2 Datteln

Zubereitung:

1. In einer Schüssel den Stärkesirup mit Zucker und 3 Tassen Wasser anrühren.
2. Das Obst entkernen und in Scheiben schneiden. Die Datteln in Viertel schneiden, entkernen und leicht platt walzen. Innen mit braunem Zucker bestreichen.
3. Das Obst in den Zuckersirup einlegen und dann in einem Topf erhitzen und mit Honig und Zimt abschmecken. Die Trockenpflaumen hinzufügen und alles verrühren.
4. Das Ganze bei geschlossenem Deckel auf kleiner Flamme etwa 50 Minuten köcheln lassen.
5. Das Obst abkühlen lassen und dann mit Honig und den Datteln servieren.

3. Koreanische Honigkekse (Yakgwa)

Yakgwa sind kleine Gebäckstücke, die meist blumenförmig, quadratisch oder rund geformt sind und entweder pikant oder süß-würzig schmecken. Sie werden mit etwas Alkohol verfeinert und frittiert, mit Honig gegessen und können auch unterschiedlich groß sein.
Das Rezept ist einfach nachzumachen. Yakgwas sind von weicherer Konsistenz und heißen in der viereckigen Variante Moyakgwa. Es gibt sie in Asia-Läden natürlich auch fertig zu kaufen. Besser schmecken sie jedoch selbstgemacht.

Schwierigkeitsgrad: leicht

Zubereitungsdauer: 45 min.

Nährwerte/Kalorien: 412 kcal

Zutaten:

300 g Mehl
100 ml Ingwersaft
3 EL Reiswein
2 EL Honig
3 EL Zucker
1 EL Sesamöl
Salz, Zimt, Wasser, Öl

Zubereitung:

1. In einer Schüssel das Mehl mit Sesamöl, Salz und etwas Zucker verrühren. Dazu den Reiswein geben und aus der Masse einen festeren Teig kneten. Den Teig gute 20 Minuten ruhen lassen.
2. Mit der Hand nun aus der Teigmasse kleinere Kugeln formen und diese zu einem Taler flach drücken. Mit der Gabel kann auf der Oberfläche ein Muster eingedrückt werden.
3. In einem Topf mit etwas Wasser den Zucker, Honig und das Zimt verrühren und aufkochen, so dass ein Sirup für die Glasur entsteht.
4. In einer Pfanne nun viel Öl erhitzen und die Teigtaler darin frittieren, danach auf einem Küchentuch abtropfen lassen. Mit Glasur bestreichen und abgekühlt servieren.

6.4. Vegetarische Gerichte

1. Sesamgurkensalat (Oyi Seng Tshe)

In der koreanischen Küche wird viel mit Fleisch gekocht, so z. B. das Bibimbap oder Bulgogi. Daneben gewinnt aber mehr und mehr auch die ursprüngliche Zubereitung mit Gemüse an Bedeutung, die seit langer Zeit Tradition hat und zusätzlich viel Tofu, Reis, Nudeln und Kimchi enthält. Eine der wichtigsten Gewürzzutaten ist immer Sesam.
Unter den veganen und vegetarischen Gerichten gibt es auch schmackhafte Salate, die im koreanischen Stil gesund und kalorienarm sind. Die Zubereitung ist schnell und denkbar einfach. Schon ein einfacher Gurkensalat erhält durch die asiatische Würze ein einzigartiges Aroma.

Schwierigkeitsgrad:
leicht

Zubereitungsdauer:
10 min.

Nährwerte/Kalorien:
59 kcal

Zutaten:

1 Salatgurke
1 Knoblauchzehe
2 Chilischoten
1 EL Schnittlauch
1 EL Sojasauce
1 EL Sesamöl
1 TL Sesamkörner
Salz, Pfeffer

Zubereitung:

1. Die Gurke waschen, schälen, einmal halbieren und beide Stücke in der Hälfte aufschneiden.
2. Mit einem Löffel die Gurke leicht aushöhlen und die Kernmasse in eine Schüssel geben.
3. Zwiebel, Knoblauch und Chili hacken und zu der Gurkenmasse geben. Mit Salz und Pfeffer würzen und mit Sesamöl vermischen.
4. Die Füllung in die Gurke geben, darüber etwas Sojasauce geben und das Ganze auf einem Teller mit etwas Brot servieren.

2. Sojasprossensalat (Kong Namull)

Ein asiatisches Gericht ohne Sojasprossen ist fast undenkbar. Darunter gibt es auch wunderbare Salate, die nur mit Sojasprossen oder Mungobohnenkeimen zubereitet werden. Kong Namull ist sehr gesund, nahrhaft und kalorienarm.

Schwierigkeitsgrad:
leicht

Zubereitungsdauer:
15 min.

Nährwerte/Kalorien:
35 kcal

Zutaten:

400 g Sojasprossen
1 Knoblauchzehe
1 EL Sesamöl
1 TL Sesamkörner
Salz, Pfeffer, frische Petersilie

Zubereitung:

1. Die Sojabohnensprossen waschen und dann in einem Topf etwa 10 Minuten blanchieren.
2. Knoblauch schälen und schneiden. Etwas Petersilie hacken.
3. In einer Schüssel Sesamöl mit Salz, Pfeffer und Knoblauch anrühren.
4. Die abgekühlten Sojasprossen dazugeben, verrühren und mit Petersilie und Sesam garnieren.

3. Chili-Tofu

Tofu ist eine hervorragende Alternative zu Fleisch und bietet gesunde Nährstoffe und Proteine. Dazu ist Tofu kalorienarm und sättigend. In der koreanischen Küche wird Tofu gerne scharf und würzig angerichtet. Der Tofu wird in einem schmackhaften Sud eingelegt und dann gebraten. Das Rezept ist für Vegetarier und Veganer geeignet.

Schwierigkeitsgrad: leicht

Zubereitungsdauer: 15 min.

Nährwerte/Kalorien: 148 kcal

Zutaten:

- 300 g Tofu
- 1 Zwiebel
- 1 Chilischote
- 1 Knoblauchzehe
- 1 TL Honig
- 2 EL Sojasauce
- 1 EL Sesamöl
- 1 EL Sesamkörner

Zubereitung:

1. Tofu gut abtropfen lassen und, wenn nötig, mit einem Küchentuch noch einmal abtupfen.
2. In der Pfanne etwas Sesamöl erhitzen und den Tofu darin mit etwas Salz anbraten.
3. Für die passende Sauce das Sesamöl, die Sojasauce, dazu gehackte Zwiebeln, Knoblauch und Chilischoten vermischen und auf einem Teller dann über den Tofu geben, so dass die Sauce gut einziehen kann.
4. Mit Sesamkörnern garnieren und servieren.

7.0. Thailand

7.1.
Vorspeisen und Suppen

1. Thai-Suppe mit Garnelen (Tom Yam Gung)

Eine klassische und häufig servierte Suppe in Thailand ist die Thai-Suppe Tom Yam Gung, die gleichzeitig auch als Nationalgericht gilt und wunderbar scharf und leicht säuerlich schmeckt. Sie enthält vor allen Dingen Garnelen und Pilze, ist in der Zubereitung leicht und kann mit dem Thai-Ingwer Galgantwurzel und etwas Zitronengras verfeinert werden. Alle Zutaten gibt es im Supermarkt oder Asia-Shop. Dazu ist die Suppe kalorienarm und regt durch die Schärfe die Verdauung und den Stoffwechsel an.

Schwierigkeitsgrad: leicht

Zubereitungsdauer: 30 min.

Nährwerte/Kalorien: 151 kcal

Zutaten:

- 500 g Garnelen (küchenfertig)
- 1 Chilischote
- 3 Tomaten
- 3 Frühlingszwiebeln
- ¼ Galgantwurzel (oder normaler Ingwer)
- 200 g Champignons
- 50 ml Kokosmilch
- 750 ml Gemüsebrühe
- ½ TL Chilipaste
- 3 EL Fischsauce
- 2 Stg. Zitronengras
- 1TL brauner Zucker
- 1 EL Zitronensaft
- Salz, Pfeffer, frischer Koriander

Zubereitung:

1. Das Zitronengras waschen und dann zerdrücken, die Chilischote halbieren, entkernen und in kleine Stücke schneiden.
2. Den Ingwer zerteilen, schälen und in feine Scheiben schneiden. Die Frühlingszwiebeln und den Koriander hacken.
3. Die Champignons können aus der Dose oder frisch gewählt werden. Sie sollten für die Suppe, wenn sie ganz sind, zerkleinert werden. Auch die Tomate waschen und in kleine Stücke zerteilen.
4. Die Garnelen waschen und den Darm entfernen. Am besten küchenfertige Garnelen nutzen, bei denen der Kopf bereits fehlt.
5. Die Gemüsebrühe aufsetzen und vorkochen.
6. In einem Topf etwas Öl erhitzen und die Garnelen kurz andünsten und wieder herausnehmen.
7. Die Zwiebeln und den Ingwer im gleichen Sud anbraten, die Champignons dazugeben und den Topf mit den Tomaten auffüllen. Die Chilischote dazugeben und alles mit der Gemüsebrühe ablöschen. Das Zitronengras dazugeben, später wieder herausnehmen. Die Suppe köchelt etwa 10 Minuten.
8. Nun die Fischsauce, etwas Zucker, die Chilipaste und den Zitronensaft unterrühren. Mit Salz und Pfeffer würzen. Die Garnelen dazugeben und den Topf noch einmal weitere 10 Minuten ziehen lassen.
9. Zum Verfeinern zum Schluss die Kokosmilch dazugeben und die Suppe in einer Schale mit frischem Koriander servieren.

2. Thai-Suppe mit Huhn und Kokos (Tom Kha Gai)

In Thailand wird viel mit Kokosmilch gekocht, wobei gerade Hühnersuppe so erstaunlich an Geschmack und Aroma gewinnt. Beliebt sind Suppen wie die Tom Kha Gai, die schnell und unkompliziert zu Hause nachgekocht werden kann, dazu kalorienarm ist und gleichzeitig satt macht. Für die Fleischeinlage wird normales Hähnchenbrustfilet aus dem Supermarkt genommen. Sehr gut schmecken statt Champignons Austernpilze. Auch diese Suppe ist nach thailändischer Art etwas schärfer und wird mit frischen Korianderblättern garniert.

Schwierigkeitsgrad:
leicht

Zubereitungsdauer:
45 min.

Nährwerte/Kalorien:
153 kcal

Zutaten:

400 g Hähnchenbrustfilet
150 g Austernpilze
2 Zwiebeln
1 Chilischote (rot)
750 ml Gemüse- oder Hühnerbrühe
500 ml Kokosmilch (Dose)
2 Stg. Zitronengras
¼ Galgantwurzel
3 EL Fischsauce
2 EL Limettensaft
1 TL brauner Zucker
1 EL Currypaste
Salz, Pfeffer, Curry, frischer Koriander

Zubereitung:

1. Das Zitronengras zerdrücken und in kleine Stücke schneiden. Gleiches mit der Galgantwurzel machen. Die Chilischote entkernen und in Würfel schneiden.

2. Das Hähnchenbrustfilet waschen, trockentupfen und in mehrere kleinere Stücke oder Streifen schneiden.
3. Die Austernpilze waschen und klein schneiden. Die Zwiebel fein hacken und in einem Topf mit etwas Öl andünsten. Die Pilze dazugeben.
4. Das Hähnchenfleisch im gleichen Topf leicht anbraten und mit Ingwer, Chili und Currypaste würzen.
5. Die Hühnerbrühe vorbereiten und dazu gießen, den Topf etwa 10 Minuten köcheln lassen. Nun das Zitronengras und etwas Limettensaft hineingießen.
6. Den Topf mit Fischsauce und Kokosmilch auffüllen und noch einmal kurz aufkochen. Mit Salz, Pfeffer und etwas Curry abschmecken. Die Suppe wird mit frischem Koriander serviert. Sehr gut passt dazu geröstetes Brot oder ein frisches Baguette.

3. Kleine thailändische Frühlingsröllchen

Ähnlich wie in China gehören Frühlingsrollen auch in Thailand zu den klassischen Vorspeisen und sind zu Hause leicht zubereitet. Sie werden gerne mit Glasnudeln, Hackfleisch und Gemüse gefüllt, enthalten für den asiatischen Touch natürlich Bambus und Sojasprossen. Im Supermarkt oder Asia-Laden gibt es den Frühlingsrollenteig als Tiefkühlprodukt. Enthalten sind etwa 30 Blätter.

Schwierigkeitsgrad: leicht

Zubereitungsdauer: 35 min.

Nährwerte/Kalorien: 387 kcal

Zutaten:

- 1 Pck. Frühlingsrollenteig (20 Stk.)
- 150 g Glasnudeln
- 250 g Hackfleisch
- 3 Karotten
- 3 Zwiebeln
- 100 g Bambussprossen
- 100 g Sojasprossen
- 3 TL Kurkuma
- 5 EL Erdnussöl
- Salz, Pfeffer, Öl

Zubereitung:

1. Bevor die Glasnudeln gekocht werden, sollten sie in lauwarmem Wasser kurz eingeweicht werden und danach in einem Sieb gut abtropfen.
2. Die Karotten und Zwiebeln schälen und in Stücke schneiden. Bambus und Sojasprossen im Sieb abtropfen lassen.
3. Im Wok etwas Öl erhitzen und die Zwiebeln andünsten. Dann das Hackfleisch dazugeben und mit Salz, Pfeffer und Kurkuma würzen.
4. Das Gemüse dazugeben und mit andünsten. Am Schluss die Glasnudeln unterrühren und mit Salz und Kurkuma noch einmal abschmecken.
5. Die einzelnen Frühlingsrollenteigblätter ausrollen und jeweils einen Esslöffel der Füllung auf den Teig geben. Das Teigblatt dann einmal rollen und die seitlichen Enden mit den Fingern einschlagen. Die Frühlingsrolle komplett aufrollen und leicht festdrücken.
6. In den Wok nun etwas mehr Erdnussöl geben und die einzelnen Röllchen goldbraun backen. Nach dem Frittieren die Frühlingsrollen auf einem Küchentuch abtropfen lassen und dann mit Sojasauce oder einem schärferen Chili-Dip servieren.

7.2.
Hauptspeisen

1. Thailändisches Rindfleisch mit Thai-Basilikum aus dem Wok (Nuea Pad Kaprau)

Viele klassische Gerichte aus Thailand können schnell und einfach im Wok zubereitet werden und schmecken köstlich, leicht scharf und einzigartig. Für dieses Gericht kommt dann endlich auch das aromatische Thai-Basilikum zum Einsatz, das noch einmal anders als das mediterrane schmeckt. Thai-Basilikum verleiht der Speise einen schärferen und leicht zimtartigen Geschmack. Das Gewürz passt zu Fisch, Fleisch und Gemüse. Auch Schlangenbohnen verfeinern das Nuea Pad Kaprau hervorragend, können aber genauso durch normale grüne Bohnen ersetzt werden.

Schwierigkeitsgrad: leicht

Zubereitungsdauer: 35 min.

Nährwerte/Kalorien: 425 kcal

Zutaten:

400 g Rindfleisch (Hüfte)
100 g Schlangenbohnen oder grüne Bohnen
2 Frühlingszwiebeln
2 Knoblauchzehen
3 Chilischoten
1 EL Sojasauce (hell)
2 EL Fischsauce
1 EL Thai-Basilikum (Kaprau)
2 Limettenblätter
Salz, Pfeffer, Öl

Zubereitung:

1. Das Rindfleisch waschen, trockentupfen und in feine Streifen schneiden.
2. In einem Mörser den Knoblauch und die Chilischoten zu einer feinen Paste verarbeiten. Etwas Wasser hinzufügen und alles vermischen.
3. Die Frühlingszwiebeln schälen und fein hacken.

4. Im Wok etwas Öl erhitzen und das Rindfleisch kurz scharf anbraten, mit Salz und Pfeffer würzen.
5. Das Fleisch an den Rand schieben und die Zwiebeln andünsten.
6. Fleisch und Zwiebeln vermischen und den Wok mit Sojasauce, Fischsauce, etwas Zucker und der Chili-Knoblauchpaste auffüllen.
7. Zum Schluss die Bohnen hinzufügen und die Limettenblätter und das Thai-Basilikum unterrühren.
8. Das Nuea Pad Kaprau schmeckt mit Reis am besten.

2. Thai-Fisch-Curry mit Zitronengras

In Thailand gehören Gerichte mit Fleisch eher zu den Spezialitäten. Im normalen Alltag wird häufiger mit Fisch, Meeresfrüchten und Gemüse gekocht. Eine leckere Variante ist das Fisch-Curry, das nicht nur sehr gesund und kalorienarm ist, sondern auch ein wunderbar exotisches Aroma bietet. Alle Zutaten gibt es im herkömmlichen Supermarkt zu kaufen. Hervorragend schmeckt das Fisch-Curry dann mit Reis. Als Fisch kann einfaches Seelachsfilet verwendet werden oder eine Fischsorte ganz nach Belieben.

Schwierigkeitsgrad: leicht

Zubereitungsdauer: 35 min.

Nährwerte/Kalorien: 241 kcal

Zutaten:

- 500 g Seelachsfilet
- 250 g Reis
- 4 Frühlingszwiebeln
- 2 Chilischoten
- 2 Karotten
- 1 Paprika
- 1 Stg. Zitronengras
- ¼ Ingwer
- 4 Knoblauchzehen
- 2 EL Zitronensft
- 2 EL Currypaste
- 1 TL brauner Zucker
- 1 EL Sesamöl
- 200 ml Kokosmilch
- 2 EL Fischsauce
- Salz, Pfeffer, frischer Koriander

Zubereitung:

1. Den Fisch waschen, trockentupfen und auf einem Teller mit etwas Salz und Pfeffer würzen. Für die thailändische Zubereitung kann das Filet in größere Stücke zerteilt werden.
2. Das Zitronengras zerdrücken und fein hacken. Die Zwiebeln, Chilischoten und den Knoblauch in Würfel schneiden. Den Ingwer in feine Scheiben zerteilen oder raspeln.
3. Die Karotte und die Paprika in Streifen schneiden.
4. Im Wok etwas Sesamöl erhitzen und die Zwiebeln mit Knoblauch, Ingwer und Chili kurz scharf andünsten. Etwas Currypaste, Salz und Pfeffer dazugeben.
5. Die Fischstücke untermischen und im Wok anbraten. Karotten und Paprika untermischen und Zitronengras hinzufügen. Im Wok das Ganze köcheln lassen, bis sich die Flüssigkeit reduziert hat.

6. Danach mit Fischsauce und Kokosmilch, etwas Zitronensaft und dem braunen Zucker verfeinern.
7. Serviert wird das Thai-Fisch-Curry mit Reis und frisch gehacktem Koriander. Auch etwas Sesamöl und Currypulver kann dazugegeben werden. Eine noch feinere Note erhält das Gericht mit etwas Safran.

3. Pak Choi-Hähnchenpfanne aus dem Wok

Eine typisch asiatische und exotische Geschmacksnote hat die Hähnchenpfanne mit Pak Choi und süßer Hoisin-Sauce. Die Zubereitung benötigt nicht viel Aufwand, das zarte Hähnchenfleisch harmoniert mit dem milden Chinakohl und anderem Gemüse, so dass die thailändische Spezialität auch optisch ein Hingucker ist und der Tradition entspricht, bunt und schön angerichtet in einer Schale serviert werden zu können. Die Pfanne ist kalorienarm, kann für Vegetarier und Veganer auch mit Tofu gemacht werden.

Schwierigkeitsgrad:
leicht

Zubereitungsdauer:
40 min.

Nährwerte/Kalorien:
264 kcal

Zutaten:

400 g Hähnchenbrustfilet
250 g Pak Choi
3 Frühlingszwiebeln
2 Knoblauchzehen
1 Paprikaschote
1 Karotte
2 EL Maisstärke
3 EL Sojasauce (hell)
3 EL Hoisin-Sauce
2 EL Erdnussöl
Salz, Pfeffer

Zubereitung:

1. Das Hähnchenfilet waschen, trockentupfen und in gleich große Streifen schneiden.
2. Für die Marinade etwas Erdnussöl, Sojasauce und Maisstärke, Salz und Pfeffer anrühren und das Fleisch darin etwa 20 Minuten ziehen lassen.
3. Den Pak Choi nun vorbereiten, dabei die äußeren Blätter des Kohls entfernen und den Strunk abschneiden. Den Kohl in einem Sieb gut durchspülen und abtropfen lassen.
4. Nun den Kohl in feine Streifen schneiden und in kochendem Salzwasser kurz blanchieren, danach mit kaltem Wasser abschrecken und im Sieb erneut abtropfen lassen.

5. Die Zwiebeln und Karotten schälen und in Würfel schneiden. Den Knoblauch fein hacken. Die Paprika entkernen und in Streifen schneiden.
6. Im Wok das Erdnussöl erhitzen, die Zwiebeln, die Paprika, die Karotte und den Knoblauch andünsten.
7. Das marinierte Hähnchenfleisch dazugeben und gute 10 Minuten mit anbraten. Danach das Ganze mit Hoisin-Sauce abschmecken und in einer Schale mit Reis servieren.

7.3.
Nachspeisen

1. Roter Thai-Schichtkuchen (Khanom Chan)

Thailändische Desserts sind etwas aufwendiger zuzubereiten, lohnen sich jedoch, um interessante Süßspeisen als Nachtisch zu servieren, die Kindern und Erwachsenen schmecken. Khanom Chan ist ein festes Dessert aus dem asiatisch-thailändischen Bereich und wird mit Jasmin-Extrakt, Kokosmilch, Kartoffel- und Reismehl zubereitet. Etwas Lebensmittelfarbe sorgt für die rote Verfärbung. Das Dessert gelingt im Dampfgarer am besten.

Schwierigkeitsgrad:
leicht

Zubereitungsdauer:
45 min.

Nährwerte/Kalorien:
312 kcal

Zutaten:

- 100 g Reismehl
- 200 g Kartoffelmehl
- 100 ml Kokosmilch
- 1 TL Jasmin-Extrakt
- 100 ml Wasser
- 1 EL Zucker
- 1 TL Lebensmittelfarbe (rot)

Zubereitung:

1. In einem Topf das Wasser mit dem Zucker aufkochen und die Kokosmilch hinzugießen.
2. Wenn der Topf abgekühlt ist, die Mehlsorten hineinrühren, ohne dass Klumpen entstehen.
3. Mit Jasmin-Extrakt würzen und daraus einen zähflüssigen Teig formen.
4. Den Teig in zwei Schüsseln füllen und die eine Sorte dann mit einigen Tropfen Lebensmittelfarbe rötlich färben.
5. Eine mit Öl eingefettete Form in einen Dampfgarer oder in kochendes Wasser geben. Darin eine Schicht Teigmasse einfüllen und 5 Minuten dämpfen. Den Teig noch einmal umrühren und eine weitere Schicht einfüllen. Den roten und den weißen Teig immer abwechselnd dämpfen und zum Schluss den roten Teig als Oberfläche des Schichtkuchens gestalten.

6. Die Form abkühlen lassen und dann auf einem Teller umkippen. Die Form kann rund, eckig oder auch herzförmig sein, um die Nachspeise kreativ zuzubereiten und optisch schön servieren zu können.

2. Banane in Kokosmilch (Gluei Naam Gatih)

Ein einfaches, exotisches und schnell kreiertes Rezept ist Gluei Naam Gatih, das mit frischen Bananen aufgekocht wird und dann in einer Schüssel als Nachspeise serviert werden kann. Die Zutaten gibt es ganz normal im Supermarkt. In Thailand kommt das Dessert häufig auf den Tisch.

Zutaten:

4 Bananen
300 ml Kokosmilch
1 EL Honig
2 EL Zucker
Salz, Muskatnuss

Schwierigkeitsgrad: leicht

Zubereitungsdauer: 10 min.

Nährwerte/Kalorien: 132 kcal

Zubereitung:

1. Die Bananen schälen und in kleinere Stücke schneiden.
2. In einem Topf die Kokosmilch aufkochen, mit Honig, Zucker und Salz abschmecken.
3. Den Topf von der Kochstelle nehmen und die Bananenstücke unterrühren. Das Ganze etwa 5 Minuten ziehen lassen und zum Schluss etwas Muskatnusspulver dazugeben.
4. Serviert wird die Nachspeise leicht abgekühlt in einer kleinen Schüssel. Wer möchte, kann dazu etwas Vanilleeis servieren.

3. Gebackene Ananas

Neben der gebackenen Banane werden in Thailand auch gerne andere Früchte frittiert und gebacken. Wichtig ist, dass es sich um exotische und sehr süße Früchte handelt, so z. B. Ananas. Für den besonderen Pfiff sorgen bei diesem Rezept etwas Rum, Ingwer und Honig. Natürlich darf bei diesem Dessert die Kugel Vanilleeis nicht fehlen.

Zutaten:

1 Ananas (oder Ananassstücke aus der Dose)
300 g Tempura-Mehl
4 EL Honig
1 TL Rum
1 TL brauner Zucker
¼ Ingwer
1 Vanilleeis (Kugel)

Schwierigkeitsgrad: leicht

Zubereitungsdauer: 15 min.

Nährwerte/Kalorien: 384 kcal

Zubereitung:

1. Für den Backteig das Mehl mit etwa 200 Milliliter Wasser anrühren, bis sich ein zähflüssiger, leicht festerer Teig ergibt. Sehr gut ist das asiatische Mehl „Showa“, das eine feste Konsistenz möglich macht.
2. Die Ananas schälen, den Strunk entfernen und daraus kleine Stücke schneiden. Den Ingwer sehr fein hacken.
3. Die Ananasstücke in eine Schüssel geben, mit Honig, Zucker, Ingwer und Rum verrühren.
4. Danach die Mischung in den Teig geben und einige Eiswürfel dazu tun, damit die Konsistenz fest bleibt. Die Ananasstücke sollten komplett von dem Teig überzogen sein.
5. Im Wok eine größere Menge Öl erhitzen und die Ananasstücke mit Teigmasse in kleineren Portionen frittieren und dann auf einem Küchentuch abtropfen lassen. Das Backen benötigt etwa 5 Minuten.
6. Die gebackene Ananas mit einer Kugel Vanilleeis und einem Klecks Honig servieren.

7.4. Vegetarische Gerichte

1. Scharfe Erdnuss-Reis-Pfanne aus dem Wok (Thai-Curry)

Vegetarier und Veganer sind in der Küche immer etwas experimentierfreudiger und genießen auch die Zubereitung exotischer Speisen. Zu den beliebten thailändischen Gerichten gehört das Thai-Curry mit Erdnussbutter, Gemüse und Reis. Die Zubereitung ist denkbar einfach, die Zutaten gibt es im Supermarkt und Asia-Laden. Geschmacklich ist das Curry ein wahres Highlight und schmeckt zu jeder Jahreszeit.

Schwierigkeitsgrad: leicht

Zubereitungsdauer: 30 min.

Nährwerte/Kalorien: 224 kcal

Zutaten:

400 g Reis	1 EL Erdnussbutter
100 g Sojasprossen	1 EL Sesamkörner
1 Karotte	1 TL Currypaste
2 Zucchini	1 TL Chiliflocken
½ Brokkoli	250 ml Gemüsebrühe
¼ Ingwer	1 TL Sesamöl
3 Knoblauchzehen	3 EL Sojasauce
2 Zwiebeln	1 EL Reisessig
250 ml Kokosmilch	Salz, Pfeffer, Kurkuma, Öl

Zubereitung:

1. Den Reis nach Packungsanleitung kochen und im Topf bei geschlossenem Deckel abkühlen lassen. Die Sojasprossen in einem Sieb gut abtropfen.
2. Die Zwiebeln und den Knoblauch hacken, die Karotte, den Ingwer und die Zucchini schälen und in sehr feine Streifen schneiden.
3. Den Brokkoli waschen und in Röschen zerteilen. In einem Topf etwa 5 Minuten kochen.
4. Im Wok etwas Sesamöl erhitzen, die Zwiebeln, den Knoblauch, die Sojasprossen und die Chiliflocken andünsten. Das restliche Gemüse dazugeben und bei hoher Hitze kurz anbraten.

5. Mit Gemüsebrühe ablöschen und mit Salz, Pfeffer, Kurkuma und Currypaste würzen.
6. Danach mit Erdnussbutter und Kokosmilch verfeinern, den Reis untermischen und das Ganze etwa 10 Minuten ziehen lassen, bis die Flüssigkeit reduziert ist. Die Sojasauce und etwas Reisessig dazugeben.
7. Das Thai-Curry wird in einer Schale mit gerösteten Sesamkörnern serviert.

2. Thailändische gebratene Nudeln mit Tofu (Pad Thai)

Phat Thai ist ein traditionelles thailändisches Nudelgericht, das mit Sojasprossen, Tofu, Erdnüssen, Sojasauce und Knoblauch besonders lecker gelingt. Die vegetarische Variante wird mit Koriander, Frühlingszwiebeln und Limettensaft zubereitet. Alternativ gibt es Phat Thai natürlich auch mit Garnelen, Krabben, Hühnchen und Schweinefleisch.

Die Nudeln sind thailändische Band- oder Mie-Nudeln. Pad Thai wird in Bangkok in allen Restaurants angeboten und schmeckt auch zu Hause exotisch genial. Die Zubereitung erfolgt im Wok. Das Rezept ist für Vegetarier und Veganer geeignet.

Schwierigkeitsgrad: **leicht**

Zubereitungsdauer: **35 min.**

Nährwerte/Kalorien: **318 kcal**

Zutaten:

- 500 g Tofu
- 1 Pck. Mie-Nudeln
- 2 Karotten
- 1 Peperoni
- 4 Frühlingszwiebeln
- 1 Brokkoli
- 2 Paprika
- 1 Pck. Erdnüsse (geröstet)
- 1 Limette
- 100 g Mungobohnensprossen
- 3 EL Sojasauce
- 3 EL Zucker
- Salz, Pfeffer, Cayennepfeffer, Öl

Zubereitung:

1. Die Erdnüsse im Mörser fein mahlen.
2. Die Paprikas, Karotten und Peperoni in Streifen und Scheiben schneiden. Den Brokkoli in einzelne Röschen zerteilen. Die Mungobohnen im Sieb abtropfen lassen.
3. Knoblauch und Zwiebeln hacken. Die Limette auspressen und den Saft in einer Schüssel auffangen.
4. Im Wok etwa 100 ml Wasser, Limettensaft, Sojasauce, Zucker und Cayennepfeffer vermischen und kurz aufkochen, bis sich der Zucker aufgelöst hat.
5. Tofu in Würfel schneiden und in den Wok geben. Im Sud anbraten und mit Salz und Pfeffer würzen.

6. Den Tofu an den Rand im Wok schieben, das Gemüse hinzufügen und etwa 5 Minuten mit etwas Öl anbraten. Mit Salz und Pfeffer würzen.
7. Währenddessen die Mie-Nudeln nach Anleitung kochen, danach abtropfen lassen und in den Wok dazugeben. Den Tofu wieder in die Pfannenmitte schieben, die Mungobohnen und gehackten Erdnüsse unterrühren und das Gericht dann in einer Schale mit der frisch gehackten Peperoni bestreuen und heiß servieren.

3. Thailändischer Papaya-Salat (Som Tam Thai)

Beliebt und vegetarisch ist Som Tam Thai, ein vielseitig zubereiteter Papaya-Salat, der in vielen Regionen Thailands serviert wird. Er schmeckt säuerlich, würzig und scharf, wird mit Erdnüssen, Chili, Tomaten, Knoblauch und Limettensaft verfeinert. Die nicht vegetarische Variante kann mit Shrimps und Fischsauce angerichtet werden. Dieses Rezept ist auch für Veganer geeignet. In Thailand gibt es Som Tam auch als Som Tam Tod, wobei dann der Salat zusätzlich frittiert wird.

Zutaten:

- 1 Papaya
- 1 Pck. Erdnüsse (geröstet)
- 4 Tomaten
- 2 Chilischoten
- 2 Knoblauchzehen
- 100 g Sojabohnen
- 1 Limette
- 2 EL Reisessig
- 2 EL Erdnussöl
- ½ TL brauner Zucker
- 2 EL Sojasauce
- Salz, Pfeffer

Schwierigkeitsgrad:
leicht

Zubereitungsdauer:
35 min.

Nährwerte/Kalorien:
105 kcal

Zubereitung:

1. Die unreife und grüne Papaya schälen, in der Mitte durchschneiden und das Fruchtfleisch mit einem Esslöffel herausholen, die Kerne entfernen. Danach die Papaya fein hacken.
2. In einer Schüssel das Papayafruchtfleisch verrühren und mit etwas Sesamöl beträufeln.
3. Zwiebeln, Knoblauch und Tomaten in Würfel schneiden und dazu geben.
4. Die Sojabohnen abtropfen lassen und in den Salat tun.
5. Im Mörser Chilischoten und Knoblauch zerstampfen, dann in einer Schüssel mit Sesamöl, Sojasauce, Reisessig, Zucker und Limettensaft verrühren, salzen und pfeffern.
6. Die Sauce über den Salat gießen und alles gut verrühren.
7. Die Erdnüsse zerkleinern und den Salat damit verfeinern.

8.0. Vietnam

8.1. Vorspeisen und Suppen

1. Vietnamesische Rinderbrühe (Pho Bo)

Ein überall in den Gassen und Märkten angesagtes Street-Food ist Pho Bo, eine schmackhafte Brühe, die durch die asiatischen Gewürze ihr besonders Aroma entwickelt. Die Zubereitung ist zwar etwas aufwendiger, die Suppe kann jedoch für mehrere Tage vorgekocht werden und enthält besondere Zutaten wie Zimt, Sternanis, schwarzen Kardamom und Ingwer. In Vietnam wird die Suppe entweder mit Gemüse oder mit vietnamesischen Reisbandnudeln (Banh Pho) zubereitet. Wichtig ist dabei, frische Kräuter zu verwenden, z. B. Thai-Basilikum, Koriander und Minze. Dazu kommt rohes Rindfleisch.

Schwierigkeitsgrad: mittel

Zubereitungsdauer: 3 Std. 35 min.

Nährwerte/Kalorien: 307 kcal

Zutaten:

1 kg Rinderknochen (Ochsenschwanz oder Beinscheibe)
200 g Rinderfilet
400 g Reisbandnudeln
1 Bd. Lauchzwiebeln
1 Zwiebel
¼ Ingwer
1 Sternanis
1 Zimtstange
100 g Sojasprossen
1 Chilischote
5 EL Fischsauce
1 schwarzer Kardamom (Kapsel)
1 Limette
Salz, Pfeffer, frischer Koriander oder Minze

Zubereitung:

1. Der Rinderknochen wird unter lauwarmem Wasser gewaschen und in einen großen Topf (mindestens 10 Liter) mit Wasser gegeben und gekocht. Dabei immer wieder den entstehenden Schaum von der Oberfläche abschöpfen.

2. Sobald kein Schaum mehr hochsteigt, ist der Knochen für die Brühe vorbereitet und wird entnommen. Den Topf ausspülen und mit neuem kalten Wasser füllen, den Rinderknochen ein zweites Mal aufkochen und wieder den Schaum abschöpfen.
3. Den Ingwer in feine Würfel schneiden. Die Zwiebel schälen und in der Hälfte durchschneiden. Sie kann in einer Pfanne kurz angedünstet werden und wird dann mit dem Ingwer in den Topf mit dem Rinderknochen gegeben.
4. Die Zimtstange fein hacken und den Sternanis würfeln. Die Kardamomkapsel mit einem Küchenmesser zerteilen. Alle drei Zutaten in den Topf geben und mitköcheln lassen. Dazu das Ganze mit Salz und Pfeffer würzen. Die Gewürze können hinterher wieder herausgenommen werden.
5. Nach 3 Stunden Kochzeit ist das Fleisch vom Knochen lösbar und kann dann mit dem Gemüse zur Seite gestellt werden.
6. Die Brühe nun mit Fischsauce und Salz auffüllen und weitere 10 Minuten köcheln lassen.
7. Nun die Reisbandnudeln einfüllen und mitkochen.
8. Währenddessen das Rindfleisch vorbereiten und in sehr feine Streifen zerschneiden. Es wird roh an die Suppe gegeben, kann aber bei Bedarf auch kurz angebraten werden.
9. Die frischen Kräuter hacken. Die Lauchzwiebeln und die Chilischote in feine Ringe zerschneiden.
10. In die Brühe nun die Sojasprossen, Lauchzwiebeln und das Chili geben. Das Rindfleisch vom Knochen hinzufügen und noch einmal gute 5 Minuten köcheln lassen. Serviert wird die Suppe in einer Schüssel mit frischen Kräutern, geviertelten Limetten und rohem Rindfleisch. Das Fleisch wird in dünnen Fasern in die Suppe gestreut und die Brühe heiß aufgetischt.

2. Garnelensuppe (Canh Chua Tom)

Diese vietnamesische Suppe schmeckt sehr delikat, gleichzeitig scharf und leicht säuerlich. Sie wird in Vietnam meistens als Vorspeise zu einem größeren Menü serviert. Zu Hause lässt sie sich mit den Zutaten leicht und ohne viel Aufwand nachkochen. Da es sich um eine Suppe handelt, ist eine Kochzeit von mindestens 30 Minuten nötig. Statt im Topf kann die Suppe auch im Wok zubereitet werden.

Schwierigkeitsgrad: leicht

Zubereitungsdauer: 40 min.

Nährwerte/Kalorien: 185 kcal

Zutaten:

- 600 g Garnelen (mit Kopf und Schale)
- ¼ Galgantwurzel
- 2 Chilischoten
- 3 Frühlingszwiebeln
- 100 g Sojasprossen
- 2 EL Fischsauce
- 2 Stg. Zitronengras
- 1 EL Limettensaft
- 1 Bd. frischer Koriander
- 1 TL Tamarindenextrakt
- 1,5 L Wasser

Zubereitung:

1. Die Garnelen werden gewaschen und geschält. Kopf und Schwanz werden abgetrennt und der Darm entnommen.
2. Im Wok nun etwas Öl erhitzen und die Köpfe und die Schwänze kurz anrösten, im Anschluss mit Wasser aufgießen.
3. Den Galgant schälen und zerkleinern. Das Zitronengras zerdrücken und in Würfel schneiden. Die Chilischote entkernen und hacken.
4. Den Chili, Ingwer und das Zitronengras nun in den Wok geben und alles 30 Minuten köcheln lassen. Danach durch ein Sieb abseihen.
5. Die Frühlingszwiebeln schälen und in Scheiben schneiden.

6. Die abgeseihte Brühe nun in den Wok geben, mit Fischsauce, Salz und Limettensaft abschmecken, Sojasprossen, Frühlingszwiebeln und etwas Tamarindenextrakt hinzufügen.
7. Jetzt die Garnelen unterrühren und das Ganze kochen lassen, bis diese gar sind.
8. Serviert wird die Suppe in einer Schale mit frisch gehacktem Koriander. Sie schmeckt sehr scharf und regt den Stoffwechsel und die Verdauung an.

8.2. Hauptspeisen

1. Gebratene Reisbandnudeln mit Huhn (Pho Xao Ga)

Die beliebten Reisbandnudeln werden in Asien gerne für Suppen und Eintöpfe verwendet, eignen sich aber auch hervorragend zum Anbraten und als Beilage zu Fisch, Meeresfrüchten und Fleisch. Bei diesem Rezept soll Hähnchenbrustfilet die gebratenen Nudeln ergänzen. Alternativ kann auch Rindfleisch genommen werden.

Zutaten:

- 400 g Hähnchenbrustfilet
- 300 g Reisbandnudeln
- ½ Brokkoli
- ¼ Ingwer
- 3 Frühlingszwiebeln
- 2 Eier
- 1 Karotte
- 2 Knoblauchzehen
- 1 Chilischote
- 2 EL Sojasauce
- 2 EL Sesamöl
- 2 EL Fischsauce
- 1 TL Speisestärke
- 150 ml Gemüsebrühe
- Salz, Pfeffer, frischer Koriander

Schwierigkeitsgrad: leicht

Zubereitungsdauer: 35 min.

Nährwerte/Kalorien: 391 kcal

Zubereitung:

1. Den Brokkoli in kleine Röschen zerteilen und waschen.
2. Zwiebeln, Knoblauch und Chili hacken.
3. Den Ingwer und die Karotte schälen und zerkleinern.
4. Die Nudeln in kaltem Wasser einweichen.
5. Das Hähnchenbrustfilet waschen und in breitere Streifen schneiden.
6. In einer Schüssel die Fischsauce, Sesamöl, Sojasauce mit Speisestärke vermischen und das Hähnchenfilet darin marinieren.
7. Die Nudeln nun nach Anleitung kochen.
8. Den Brokkoli etwa 2 Minuten kochen und abtropfen lassen.

9. Im Wok nun etwas Öl erhitzen und die Reisbandnudeln darin 5 Minuten anbraten, danach herausnehmen.
10. Nun die Zwiebeln, Chili und den Knoblauch andünsten, die Karotten, den Ingwer und das Hähnchenfleisch dazugeben und scharf anbraten.
11. 1 Den Wok mit Brokkoli und Gemüsebrühe auffüllen und so lange köcheln lassen, bis die Flüssigkeit reduziert ist. Die Nudeln unterrühren und heiß mit frischem Koriander servieren.

2. Karamellisierter Fisch (Ca Kho To)

In Vietnam wird Ca Kho To fast überall aufgetischt und ist geschmorter Fisch aus dem Topf. Kho bezeichnet dabei die Kochtechnik des Schmorens und Karamellisierens von Lebensmittel mit viel Protein. Sehr gut geeignet sind Fischsorten wie Barsch oder die Meeräsche, von denen dann Fischkoteletts im Supermarkt gekauft werden können. Wer dabei den einzigartigen Geschmack Vietnams erleben möchte, kann im Asia-Laden auch vietnamesische Frühlingszwiebeln besorgen, die etwas milder und zarter sind.

Schwierigkeitsgrad: leicht

Zubereitungsdauer: 45 min.

Nährwerte/Kalorien: 165 kcal

Zutaten:

- 4 Fischkoteletts (Barsch)
- 3 Frühlingszwiebeln
- ¼ Ingwer
- 1 Chilischote
- 2 Knoblauchzehen
- 4 EL Fischsauce
- 1 Mandarine
- 1 Limette
- 50 ml Kokosmilch
- 100 g Zucker
- 2 EL brauner Zucker
- Salz, Pfeffer

Zubereitung:

1. Den Knoblauch, die Zwiebeln und den Ingwer schälen und hacken. Die Chilischote in kleine Würfel schneiden. Von den Frühlingszwiebeln auch das Grün schneiden und verwenden.
2. Den Saft aus der Mandarine und der Limette auspressen und in einer Schale auffangen.
3. Zum Saft dann die Fischsauce, den braunen Zucker, Salz und Pfeffer geben.
4. Die Fischkoteletts vorbereiten und in die Marinade etwa 30 Minuten einlegen und ziehen lassen.
5. In einer Pfanne den Zucker mit dem Wasser verrühren und aufkochen, bis Karamell entstanden ist. Mit etwas Fischsauce ablöschen und köcheln lassen.
6. Nun das Gemüse in die Pfanne geben und zum Schluss den marinierten Fisch. Das Ganze mit Salz und Pfeffer würzen und etwa 10 Minuten schmoren lassen. Der Fisch sollte auch einige Male gewendet werden und wird dann in einem asiatischen Topf mit Reis serviert.

3. Vietnamesisches Fondue (Lau Thap Cam)

Ein Fondue in Vietnam ist meistens scharf gewürzt und wird als Feuertopf serviert, in dem dann gewürzte Brühe enthalten ist, in der alle Zutaten einzeln zubereitet werden. In den Straßen und Schnellimbissen Vietnams kann das Fondue fast immer selbst in den Zutaten bestimmt werden, wobei ein beheizter Topf mit Brühe und die gewünschten Zutaten bereitgestellt werden. Zu Fleisch und Fisch wird meistens auch exotisches Obst gereicht, z. B. Ananas oder Mango. Dieses Rezept ist die Variante mit Nudeln, Fisch und Meeresfrüchten.

Schwierigkeitsgrad: leicht

Zubereitungsdauer: 50 min.

Nährwerte/Kalorien: 345 kcal

Zutaten:

- 300 g Fischfilet
- (z. B. Seelachs oder Seeteufel)
- 100g Tintenfisch
- 200 g Garnelen
- 5 Jakobsmuscheln
- 200 g Venusmuscheln (mit Schale)
- 150 g Eiernudeln
- 3 Shiitake-Pilze
- 2 Ananasscheiben
- 1 Stg. Sellerie
- 2 Zwiebeln
- 1 Chinakohl
- 1 Tomate
- 500 ml Fischfond
- 2 EL Tamarindenextrakt
- 1 TL Chilipaste
- 1 TL Zucker
- 250 ml Gemüsebrühe
- 100 g Tofu
- ¼ Ingwer
- ¼ Galgant
- Salz, Pfeffer, frischer Koriander, Öl

Zubereitung:

1. Zitronengras zerdrücken und klein schneiden. Ingwer schälen und hacken. Das Gleiche mit der Galgantwurzel machen.
2. Die Tomate waschen und in Würfel schneiden.
3. Die Ananasscheiben achteln. Den Tofu in Scheiben zerteilen.
4. Die Zwiebeln schälen und hacken.

▼

5. Im Wok etwas Öl erhitzen und die Zwiebeln andünsten.
6. Nun Ingwer, Tomatenstücke, Ananas, Galgant und Zitronengras hinzufügen, kurz mit anbraten und mit Fischfond, etwas Wasser und Tamarindenextrakt ablöschen. Salz, Chilipaste und Zucker hinzufügen. Das Ganze etwa 10 Minuten köcheln lassen.
7. Die Garnelen waschen, schälen und den Darm entfernen.
8. Die Muscheln putzen, waschen und gut abtropfen lassen. Die Jakobsmuscheln sollten dabei geschlossen sein.
9. Den Tintenfisch seitlich aufschneiden, das Innere herausholen und in kleinere Stücke schneiden.
10. Das Fischfilet waschen, trockenputzen, in Würfel schneiden und mit Salz und Pfeffer würzen.
11. 1 Chinakohl in Streifen schneiden, den Sellerie in Scheiben zerkleinern und die Shiitake-Pilze waschen und klein schneiden.
12. 1 Den Tofu in einer Pfanne kurz anbraten, dann mit allen restlichen Zutaten auf kleinen Tellern servieren.
13. 1 Mittig wird der Fonduetopf mit der heißen Brühe aus dem Wok aufgestellt und heiß gehalten.
14. 1Alle Zutaten können dann nach Bedarf in der Brühe zubereitet werden. Den Anfang machen die Eiernudeln, während alle anderen Zutaten nach und nach in die Brühe gegeben und, sobald sie gar sind, herausgefischt werden können. Das Essen kann so zum Ereignis werden und ist eine gute Abwechslung zum herkömmlichen Fondue.

8.3. Nachspeisen und Desserts

1. Vietnamesischer Obstsalat (Hoa Qua Dam)

Eine traditionelle Nachspeise ist der vietnamesische Obstsalat mit tropischen Früchten und Joghurt. Verwendet werden gerne Bananen, Litschis Mangos, Ananas, Honigmelone, Kiwi und Maracujas. Früchte als Dessert sind in Vietnam immer eine angenehme Abwechslung in den tropisch heißen Temperaturen. Das Zusammenspiel der Fruchtaromen erweckt die vietnamesische Atmosphäre. Gerne wird zu Hoa Qua Dam auch zerstoßenes Eis serviert.

Schwierigkeitsgrad: leicht

Zubereitungsdauer: 20 min.

Nährwerte/Kalorien: 96 kcal

Zutaten:

1 Honigmelone
1 Mango
2 Kiwis
5 Litschis
1 Banane
200 g Naturjoghurt
3 EL gezuckerte Kondensmilch
1 TL brauner Zucker
1 TL Honig

Zubereitung:

1. Das Obst schälen und in kleine Würfel schneiden. Hier kann alles verwendet werden, was etwas süßer schmeckt.
2. In einer Schüssel den Joghurt mit Honig, Zucker und Kondensmilch verrühren.
3. Das Obst entweder in die Schüssel geben oder getrennt servieren.
4. Leicht gekühlt wird es durch zerstoßenes Eis.

2. Exotisches Mungobohnen-Dessert (Che Dau Xanh)

Unter die Bezeichnung „Che" fallen alle Süßspeisen und Desserts in Vietnam, aber auch süße und kühlende Getränke, die mit Kokosmilch, Früchten und verschiedenen Bohnenarten zubereitet werden. Mungobohnen eignen sich für den Nachtisch ebenfalls und schmecken süß mit Tapiokaperlen, Kokosmilch und Orangenmarmelade.

Zutaten:

200 g Mungobohnensprossen
150 ml Kokosmilch
2 Pandanusblätter
3 EL Tapiokaperlen
2 EL Kartoffelmehl
2 EL Zucker
3 EL Orangenmarmelade
Salz

Schwierigkeitsgrad: leicht

Zubereitungsdauer: 20 min.

Nährwerte/Kalorien: 121 kcal

Zubereitung:

1. Mungobohnen abtropfen lassen und dann in einem Topf etwa 10 Minuten köcheln lassen.
2. Zucker, eine Prise Salz und die Tapiokaperlen hinzugeben und vorsichtig ab und zu umrühren.
3. In einem weiteren Topf die Kokosmilch mit Zucker, Pandanusblätter und Kartoffelmehl aufkochen. Die Pandanusblätter danach wieder herausfischen.
4. Die Mungobohnen und Tapiokaperlen in eine Schüssel gießen und mit der Kokosmilch auffüllen. Zum Schluss wird ein Kleks Orangenmarmelade darüber gegeben.

8.4.
Vegetarische Gerichte

1. Wasserspinat (Rau Muong Xao Toi)

Vegetarische Rezepte gibt es in Vietnam in großer Anzahl. Den Wasserspinat erhält man in verschiedenen Variationen, meistens mit Knoblauch gewürzt und als Beilage zu anderem Gemüse oder auch zu Fisch und Fleisch. Die Speisen werden dann in vielen Schalen serviert, so dass verschiedene Geschmacksnuancen möglich sind. Wasserspinat ist gesund und sehr kalorienarm, dazu auch etwas milder im Geschmack.

Schwierigkeitsgrad: leicht

Zubereitungsdauer: 15 min.

Nährwerte/Kalorien: 179 kcal

Zutaten:

500 g Wasserspinat
4 Knoblauchzehen
2 Chilischoten
4 EL vegetarische Austernsauce
1 EL Sojabohnenpaste
1 TL Zucker
Salz, Pfeffer, Öl

Zubereitung:

1. Die Stängel werden vom Wasserspinat entfernt und die Blätter dann gewaschen. Der Spinat sollte gut in einem Sieb abtropfen und dann in der Mitte durchgeschnitten werden.
2. In einer Schüssel die Austernsauce, den Zucker und die Sojabohnenpaste anrühren und den Spinat dazugeben und gut verrühren.
3. Den Knoblauch hacken und die Chilischote in Würfel schneiden.
4. In einem Wok Öl erhitzen, Knoblauch und Chili andünsten und die eingelegten Spinatblätter hinzufügen.
5. Das Ganze bei hoher Hitze und ständigem Rühren etwa 5 Minuten anbraten und dann auf einem Teller mit geröstetem Brot servieren.

2. Vietnamesische Sommerrollen (Goi Cuon)

Vietnam ist bekannt für die abwechslungsreiche Straßenküche mit köstlichen Aromen und Gewürzen. Um sich die Atmosphäre nach Hause zu holen, können viele Rezepte nachgekocht werden. Vegetarisch und vegan sind die schmackhaften Sommerrollen, die gegenüber der normalen Frühlingsrolle nicht frittiert werden, sondern in der Füllung aus Gemüse, Tofu und Nudeln einfach in dünne Reispapierblätter gewickelt werden. Erhältlich sind diese im Supermarkt und im Asia-Shop.

Zutaten:

10 Reispapierblätter
1 Kopfsalat
300 g Tofu
200 g Reisnudeln (Bun)
1 Salatgurke
2 Karotten
1 Chilischote
1 Kopfsalat
Salz, Pfeffer, frischer Koriander oder Thai-Basilikum

Schwierigkeitsgrad: leicht

Zubereitungsdauer: 35 min.

Nährwerte/Kalorien: 307 kcal

Zubereitung:

1. Zunächst die Reisnudeln nach Anleitung kochen und danach etwa 5 Minuten in kaltes Wasser legen.
2. Den frischen Koriander hacken. Die Karotte und die Gurke waschen und schälen, dann in feine Streifen raspeln.
3. Den Salat waschen und in einzelne Blätter zerteilen. Die Chili entkernen und fein hacken.
4. Tofu in Würfel schneiden und leicht in einer Pfanne anbraten.
5. In einer Schüssel den Tofu mit dem Gemüse und den Nudeln und Kräutern als Füllung verrühren, mit Salz und Pfeffer abschmecken.

6. Für die Zubereitung der Sommerrollen nun eine Schüssel warmes Wasser bereitstellen.
7. Die Reispapierblätter durch das Wasser ziehen, auf einem Brett zurechtlegen und darauf mit einem Esslöffel die Füllung im unteren Drittel verteilen.
8. Die Seiten einschlagen und mit den Fingern halten, während das Reispapierblatt mit Füllung aufgerollt wird. Um die Rolle zu verschließen, etwas Wasser nehmen und die Ränder anfeuchten.
9. Die Sommerrolle mit einem Messer diagonal zerschneiden und so auf einem Teller mit einem Dip oder Sojasauce anrichten.

3. Gemüse-Curry (Ca Ri Chay)

Für Vegetarier und Veganer ist Ca Ri Chay als Hauptspeise sättigend und exotisch ausgefallen. Es wird mit Zitronengras, Kokosmilch und Curry verfeinert und gehört zur traditionellen vietnamesischen Küche, wird sogar in buddhistischen Klöstern aufgetischt. Das Curry gelingt auch zu Hause schön cremig und kann mit Tofu noch dicker angemacht werden. Alle Zutaten sind leicht im Supermarkt zu finden. Im Asia-Laden gibt es Okras, ein besonderer und essbarer Eibisch, der als Bohneneinlage dazukommt. Alternativ können auch Zuckererbsen verwendet werden.

Zutaten:

- 1 Aubergine
- 100 g Okras
- 200 g Tofu
- 1 Süßkartoffel
- 150 g Austernpilze
- 2 Zwiebeln
- 2 Knoblauchzehen
- 1 Chilischote
- 100 g Mungobohnensprossen
- ¼ Ingwer
- 1 Stg. Zitronengras
- 400 ml Kokosmilch
- 1 EL Currypulver (vietnamesisch)
- 10 Curryblätter
- 3 EL Sojasauce (hell)
- ½ TL Palmzucker
- 400 ml Wasser
- 1 Limette
- Salz, Pfeffer, Kokosöl

Schwierigkeitsgrad: leicht

Zubereitungsdauer: 35 min.

Nährwerte/Kalorien: 396 kcal

Zubereitung:

1. Zwiebeln, Chili und Knoblauch fein hacken. Den Ingwer schälen und etwa 2 Zentimeter in kleine Würfel schneiden. Das Zitronengras flach drücken und zerkleinern.
2. Den Tofu würfeln und in einer Pfanne kurz anbraten, dabei mit Salz und Pfeffer würzen.
3. Im Wok etwas Kokosöl erhitzen und die Curryblätter, die Zwiebeln und den Knoblauch vermengen und andünsten. Zitronengras und Ingwer hinzufügen, das Ganze dann mit Kokosmilch aus der Dose, Sojasauce und Wasser aufgießen, mit Curry, Salz und Palmzucker abschmecken.

4. Die Süßkartoffel schälen und in breite Scheiben schneiden. In den Wok dazugeben und das Curry gute 10 Minuten auf kleiner Flamme köcheln lassen.
5. Die Mungobohnen abtropfen lassen und hinzufügen.
6. Nun die Austernpilze putzen, waschen und in mundgerechte Stücke zerkleinern.
7. Die Aubergine waschen, schälen und würfeln. Diese direkt in den Wok geben und mit andünsten.
8. Die Okras putzen, waschen und in kleine Stücke schneiden.
9. Tofu, Pilze und Bohnen nun zum Curry geben und dieses weitere 5 Minuten köcheln lassen, bis das Gemüse die gewünschte weiche Konsistenz hat und die Flüssigkeit reduziert ist.
10. Das Gericht in einer Schale mit frischem Chili und etwas Thai-Basilikum servieren. Einige Tropfen Limettensaft runden das Curry ab.

Printed in Great Britain
by Amazon

47482194R00109